高校英语线上线下混合式教学模式研究

葛爽婷 ◎ 著

吉林出版集团股份有限公司

图书在版编目（CIP）数据

高校英语线上线下混合式教学模式研究 / 葛爽婷著
． — 长春：吉林出版集团股份有限公司，2022.4
ISBN 978-7-5731-1379-5

Ⅰ．①高… Ⅱ．①葛… Ⅲ．①英语－教学模式－教学研究－高等学校 Ⅳ．①H319.3

中国版本图书馆CIP数据核字（2022）第055703号

高校英语线上线下混合式教学模式研究

著　　者	葛爽婷
责任编辑	郭亚维
封面设计	林　吉
开　　本	787mm×1092mm　　1/16
字　　数	220千
印　　张	10.25
版　　次	2022年4月第1版
印　　次	2022年4月第1次印刷
出版发行	吉林出版集团股份有限公司
电　　话	总编办：010-63109269
	发行部：010-63109269
印　　刷	北京宝莲鸿图科技有限公司

ISBN 978-7-5731-1379-5　　　　　　　　　定价：68.00元

版权所有　侵权必究

前　言

近些年来，随着人们生活节奏的加快以及智能手机的普及，网络碎片化的学习已经成为当代大学生的主要选择。大学英语教学开展线上线下混合式教育，不仅迎合了当前青年学生的学习习惯，更是丰富了学生的学习方式，为教育多元化拓展了新思路。尤其是2020年年初，随着新冠肺炎疫情的暴发，网络授课成了各个院校的必要选择，在这样一种大环境背景下，探讨线上线下混合式教学模式的发展和应用对于促进教育的发展、促进教育适应当前时代具有重要意义。

高校在开展英语教学的过程中将信息化技术作为主导，采用"线上线下"的混合式教学模式能够真正融合传统课堂以及网络教学资源的优势，形成一种精练并具备针对性的教学模式。

本书就基于"线上线下"相结合的大学英语混合教学模式做出探究，以期为高校课程改革提供一些参考。首先概述了混合式学习的相关理论、线上线下混合式教学，然后分析了高校英语教学现状与改革、混合式高校英语课程教学模式，最后对线上线下融合式高校英语教学理论与实践做出详细的探讨。

另外，作者在撰写本书的过程中参考和借鉴了一些学者的研究成果，在此表示衷心的感谢。由于作者水平有限，书中难免有不足之处，恳请读者批评指正。

目 录

第一章 混合式学习的相关理论 ·· 1
第一节 混合式学习概述 ·· 1
第二节 混合式学习理论基础 ·· 8
第三节 混合式学习与高校英语教学的融合 ······························ 10

第二章 线上线下混合式教学 ·· 14
第一节 线上线下混合式教学的概述 ···································· 14
第二节 线上线下混合式教学的原则 ···································· 19
第三节 线上线下混合式教学实施方案 ·································· 21
第四节 线上线下混合式模式的教学实践应用 ···························· 23

第三章 高校英语教学现状与改革 ·· 26
第一节 高校英语教学现状 ·· 26
第二节 高校英语教学方法与教学策略改革 ······························ 27
第三节 高校英语教学模式改革 ·· 54

第四章 混合式高校英语课程教学模式 ···································· 68
第一节 混合式教改模式的构建 ·· 68
第二节 基于微课的混合式教学模式研究 ································ 76
第三节 基于翻转课堂的混合式教学模式研究 ···························· 82
第四节 基于慕课的混合式教学模式研究 ································ 90

第五章 线上线下融合式高校英语教学理论研究 ···························· 96
第一节 高校英语混合式教学线上线下衔接问题 ·························· 96
第二节 基于教学翻译的线上线下高校英语教学设计 ······················ 101

第三节	高校英语线上线下翻转式教学实施路径探索	104
第四节	线上线下协同教育模式下英语课堂学习焦虑	110
第五节	基于MOOC的高校英语"线上线下"混合式教学	117
第六节	基于在线直播课的高校英语"线上线下"混合式教学	125

第六章 线上线下融合式的高校英语教学实践 133

第一节	英语专业听力课程线上线下混合教学	133
第二节	线上线下混合式英语教学改革与慕课的关联	137
第三节	线上线下融合式的高校英语教学实践	142
第四节	构建线上线下高校英语写作教学	149

参考文献 153

第一章　混合式学习的相关理论

第一节　混合式学习概述

一、混合式学习的定义

目前，关于"混合式学习"的定义，仁者见仁智者见智，无论是国内还是国外都或多或少有些纷争，目前学术界仍然没有一个明确而权威的定义。专家学者们经过长期的理论研究和教学实践分别从不同角度对此进行了界定，但就其研究的背景和侧重点不同，对混合式学习的认识和理解主要有以下几种：从学习的方式和方法出发，认为是全新的学习方式；从媒体的角度来看，认为是媒体要素的融合；从活动设计而言，认为是多元活动的结合。笔者通过总结研究，简要介绍国内外对混合式学习定义的认识。

（一）国内混合式学习的定义

在国内，北京师范大学现代教育技术研究所所长何克抗教授将"混合式学习"理解为："把传统学习方式的优势和 E-Learning（即数字化学习或网络化学习）的优势相结合"。更深入的理解就是发挥"以学生为主体，以教师为主导"的模式，教师和学生的角色发生变化，教师可以起到引导、支持、监督、控制的作用，学生可以充分利用教师创建的环境，自由、自主地开展学习。

上海师范大学教育技术系主任黎加厚教授认为"混合式学习"即"融合性学习"，他关注的重点是教学媒体、教学方法、教学策略等的优化组合，通过教师和学生在教学实践过程中的合理运用，最终达到优化教学，促进学生学习的目的。

华南师范大学现代教育技术研究所所长李克东教授认为:"混合学习可以看作面对面（Face-to-Face）的课堂学习和在线学习（Online Learning）两种学习方式的有机整合",其核心的理念是从问题出发去寻求解决问题的思路和途径,在教学过程中,采用恰当的教学媒体和知识传授方式,可以保证投入最小,同时收获的效益最大。

另外,一些将混合式学习用于培训领域的专家学者认为,混合式学习就是企业或培训机构根据培训课程需要,摆脱各种客观条件限制,优先选择面对面教学、同步教学、异步教学或者几种方式组合教学的策略。

（二）国外混合式学习的定义

在国外,印度 NIIT 公司（2002）在发表的《混合式学习白皮书》中提出"混合式学习"是一种全新的学习方式,这种学习方式包括面对面（Face-to-Face）实体教室学习、数字化在线学习（E-Learning）和自定步调（Self-paced）学习等。《白皮书》分别从以技能为导向、以态度为导向和以能力为导向三个维度进行了详细划分,描述了通过不同的教学方式和手段获得不同的教学目标。

Jennifer Hofmann（2001）在《B-Learning Case Study》（《混合式学习案例研究》）中这样描述:"混合式学习是由一种全新思想作为支撑,指导教师或者方案设计人员根据教学过程的特点,分成几个阶段,对每一个阶段进行优化教学,最终实现学习者对整体的理解掌握。"

Michael Orey 认为混合式学习应该从学习者、教师或教学设计者以及教学管理者三者的角度进行定义。根据他的理解,混合式学习要考虑学习者的初始能力,教学方案设计人员的信息素养以及现实的实体教学环境等。

美国培训与发展协会（ASTD）的 Singh 和 Reed 也认为混合学习是一种学习方式,将其描述为:采取"恰当"的技术手段,结合"良好"的学习个性,在"适合"的时空将成"正确"的技能授予"适合"的人,从而完成知识传授,实现教学目标。

虽然国内外学者对混合式学习的定义有所不同,但是本质上并没有太大的差异,广义上普遍认为是传统教学和网络教学的结合,以达到优势互补的目的,体现建构主义的"主导主体"作用,狭义上则认为是教学方法、媒体、模式、内容、资源、环境等各种教学要素的优化组合,达到优化教学的目的。

二、混合式学习的基本特征

（一）以学习者为中心

混合式学习在应用过程中始终都是以学生为中心的，教师不再是课堂教学的主体，师生交流成为教师关注的重点。教师开始在学生学习过程中扮演辅助性的角色，是学生自主学习的促进者。

混合式学习吸收了面对面学习以及在线学习的优势，无论是教师，还是学习者，都能从混合式学习中获得益处，教师可以在更大程度上激发学生的学习积极性，而学生则可以在学习中获得较多的学习经验。混合式学习环境给学习者提供了很大的自由，学习者可以根据自身的需要进行学习节奏和进度的调整，也可以自主选择课程与教师。在混合式学习的任意一种模式中，学生的学习需求都是首先被考虑的，同时也会给予学生较大的课程选择权，学生可以根据自己以及教师的情况自由选择课程进行混合式学习。在这一过程中，教师还要时刻关注学生的心理变化，根据不同学习阶段学生的心理特征，有针对性地进行教学活动。

（二）重视深度混合

混合式学习并不是指将教学中的各大要素进行随意的混合，而是要在保证教学效果的前提下进行混合，要遵循一定的规律。

首先，混合式学习的学习活动并不局限于传统的课堂活动，它还包括在线活动。这种混合的范围非常大，所有的学习者都会涉及，这就使学习者可以学习到别的学习者高效率的学习方法，也可以帮助其找到适合自己的学习活动。

其次，传统课堂学习环境与在线学习环境是相对独立的，面对的都是不同的学习群体，而混合式学习则实现了两大群体的融合，这种融合对于任何一个群体来说都是极具益处的，传统课堂学生群体可以学习在线课堂学生群体的高效率，而在线课堂学生群体则可以学习传统课堂学生群体的认真态度。

最后，在线学习与面对面对面学习中的教师也实现了混合，过往单一课堂环境中的教师只能就课堂问题进行交流，对课下学习者的问题很难给予回答，而在线学习中的教师可以实时解决学习者遇到的问题。

这三种学习要素的混合并不是随意的混合，而是有其自身规律，在混合式学习实施的过程中，它以多种方式为基础，主要有翻转课堂、移动学习、在线学习等，这些方式为学习者提供了多种学习方式，以利于学习者找到适合自己的学习方式，从而提升学习效率与质量。

（三）注重师生之间线上线下的交流和互动

混合式学习将面对面学习与在线学习的优势整合起来，实现了师生在线上与线下的双线互动，在进一步增进师生感情的同时，也增加了学生学习的渠道。

在任何学习中，教师与学生是学习的两大主体，混合式学习也不例外，传统课堂中教师与学生的交流不多，这样使得教师很难接收学生的学习反馈，而在混合式学习中，教师可以实时接收，并根据学生的反馈制订合适的教学计划，从而保证不同学生的学习需求。

教师与学生可以利用信息技术与交互工具在在线学习平台上交流，在教学软件的帮助下，教学与学习活动不再受时间、地点的限制，学生可以随时学习，节约了学习时间，也提高了学习效率。

学生的问题并不是集中在课堂，很多学习问题都是在课下进行自主学习的过程中产生的，传统课堂教学是无法将问题的解决延伸到课下的，所以，混合式学习就在此时发挥了作用，教师利用各种学习软件与学生实现互动交流，不仅可以及时指导学生的学习，而且还能监督学生的学习过程，当发现学生遇到问题时可以给予适当的帮助。在不同的学习环境中，学生对于教师的需求程度存在差异，所以，混合式学习兼顾了学生对教师线上、线下的需求，要求教师能同时把握学生线上、线下的学习情况，这就是混合式学习最大的优势所在。

三、混合式学习研究现状

（一）国内混合式学习研究现状

混合式学习在国内发展趋势迅猛，在教育领域、培训机构等多方面都得到广泛的应用，发展成果也颇为显著，改善了教学效果，降低了培训成本，提升了公司效益，因此，混合式学习模式越来越受到各界人士的认可和欢迎。

1. 学校教学

根据新课改和社会对人才的需求，创新性人才的培养是目前学校教育颇为关注的，然而传统的教学模式已经不适应社会潮流的发展,"面对面教室学习"和"网络在线学习"相结合的混合式学习方式逐渐被高校采用,高校的学习者具有一定水平的专业知识和相对较强的自学能力。学习者可以在教室里接受面对面（Face-to-Face）的教学,课下可以依托网络自主学习相关内容,分享学习资源,还可以通过和同伴或者指导老师的讨论和交流深化学习。

在我国数字化校园建设的同时,各种网络平台也应运而生,以期提高学习效率,促进学习者的学习。如北京大学建设（基于 Blacklooard）的北大教学网、北师大的"教育技术概论"和由华中师大开设的"远程教育原理与技术"等精品网络课程,通过教学实践实现了对教学模式、方法、策略的研究,对教育工作者和教师的混合式学习起到积极的作用。

2. 教师培训

国内的教师教育培训通过对单一的、传统的培训模式进行深入反思,认识到传统培训模式的弊端和不足,逐渐摆脱了这种培训模式,并随着对 E-Learning 的理解和掌握,最终采用混合式学习的培训模式。

2001 年初,我国正式开展对高校教师的教育技术能力培训,2005 年和 2010 年分别启动的全国中小学教育技术能力建设计划和全国中小学教师国家培训计划等,都为混合式教学的顺利实施提供了必不可少的软硬件保障。另外,面对面的集中培训和网络在线学习相结合的教师培训方式,为岗前教师和在岗教师的沟通交流提供了便利,为两者的专业化、精英化发展提供有效保障。在基础教育阶段,一些优秀教师通过混合式教学的形式,根据各种客观条件,积极开展教学改革,以期促进信息技术与课程的深度整合。同样,在高等教育阶段,知名师范高校教师通过暑期的在线网络授课培训大批优秀中小学教师。黎家厚教授通过对混合式学习理念和思想进行深入研究,将其先进的理念和思想融入 Moodle 平台,在推广实验阶段同样取得了令人满意效果。

3. 企业培训

在我国,大多企业由于受到国外培训方式的影响,或者经常与国外的培训机构沟通、交流与合作,目前越来越多的企业也采用混合式学习模式对员工进行职前或职后的培训,比如部分事业单位以及餐饮、服务等行业的系统内部培训都积极运用这种培训模式,效果显著。

下面以某大学工商管理网络研修班为例：研修班的培训对象主要是民营企业的管理人员,培训期一般为一年半。由于时间空间的限制,大部分受培训者不能抽身去参加面对面的讲授学习，而如果全部采用在线学习方式不能有效实现对知识的理解和掌握，达不到预期的效果，因此，混合式学习的培训模式则是理想的选择。通过三个阶段的培训，每个阶段大约持续六个月，一般情况下是前五个月进行网络在线学习，后一个月开展集体面授，增强学习效果。通过这种灵活的培训方式，网络授课和集中面授相结合，实现预期的培训效果。

（二）国外混合式学习研究现状

国外混合式学习发展相比国内较为成熟，但无论国内外，目前混合式学习的应用领域基本是类似的，也是主要运用于学校教育和公司、企业培训等。

1. 高校教学

在传统的美国学校里面，为了激发学生的学习兴趣，培养学生的实践能力和创新精神，教师们经常采用混合式学习（Blended Learning）方式进行授课，根据课程内容，每周抽取一两节课，安排学生在寝室或图书馆进行网络在线（E-Learning）学习，通过教学实践得出结论：混合式学习有利于培养学生分析问题、解决问题的能力，有利于培养学生的交流能力、表达能力，有利于培养学生的知识获取能力和自主探究能力。突出效果主要表现为：学习者积极性提高；小组协作意识增强；指导教师角色和学习内涵产生变化；跨校园、跨区域合作增多。实践表明在高校的教学领域中，Blended Learning 的优势逐渐显露，因此其地位和作用也越来越重要，其教学各要素的选择也有着更强的适应性和灵活性。

美国宾西法尼亚州立次大学高度评价了混合式学习，它认为混合式学习是"当今高等教育领域内一个必然的发展趋势"。加拿大卡尔加里亚大学的加里森教授认为混合式学习是高等教育应对社会发展需求的重要形式，并从小规模班级、大规模班级和基于项目的开发等类型分别介绍了国外使用混合式学习进行的课程教学。2005年，韩国国立开放大学为了帮助新生更快更好地适应学习环境，采用了混合式教学的辅导方式，优化了教学效果，对学生的生活和学习也起到了积极的作用。

2. 企业培训

国外将混合式学习应用到企业培训的成功案例和经验值得我们学习和借鉴，世界知名企业如 IBM、SONY、诺基亚等均采用混合式学习模式，为了降低培训成本，他们将网络课程资源和经验技术充分运用在混合式培训中，获得了预期效益，实现了培训目标。

下面以 IBM 公司的 Basic Blue 培训课程为案例简要介绍一下混合式学习在企业培

训中的应用。

Basic Blue 是美国 IBM 公司的初阶经理人培训课程，这种课程既可以传授比传统训练更宝贵的学习经验，又可以增加公司的投资效益。由于 IBM 公司的人员流动量很大，而且遍布全球各地，原本的五天室内训练课程已经远远达不到需求标准，再者，由于经理人的时间、空间、工作压力等因素的困扰，新型而灵活的培训形式的运用显得尤为迫切和必要。因此 IBM 为了突破困境，在 1999 年推出了 Basic Blue for Manager 课程，将原本仅仅五天的室内培训课程扩展为一年持续性学习的混合课程，Basic Blue 推出后，其灵活性和互动性极受学员欢迎，培训课程主要分为三个阶段进行。

表 1-1 Basic Blue 培训课程的三个阶段

	时间安排	组织形式	培训形式	培训内容	评价方式
第一阶段	26 周	分小组自学	在线学习	基本理念和方法	人员督导讨论交流
第二阶段	5 天	个人	教师训练	管理经验、高层次知识内容	日常表现培训档案
第三阶段	25 周	个人	在线学习	知识与管理技能的应用	自我测试绩效回馈

分析国内外的研究情况可以发现，当前混合式学习模式多是在学校教学、教师培训、企业培训等三个方面的应用，面向的对象也大多数是成年人，目的性强、有针对性。对于高校学生而言，具备较高的信息素养和思考能力，易于接受"面授"和"在线"相结合的方式；对于在职员工而言，由于时间或空间的限制常采用远程教学的方式，也能取得良好的结果；但是对于中小学校而言，混合式学习课程则相对较少，有待开发。

第二节　混合式学习理论基础

混合式学习并不是以某种特定的理论为基础，而是多种理论的"相互融合"。研究表明，混合式学习的理论应该是多元的，并非一元的，还应包括建构主义理论、教育传播理论和活动理论等。

一、建构主义理论

瑞士心理学家皮亚杰（Piaget）最早提出了建构主义学习理论，"情境""协作""会话"和"意义建构"是建构主义学习环境的四大要素。其认为学生对知识的消化吸收是在教师搭建的脚手架的基础上，在一定的情境中自主建构的，强调更多的是学习者对知识的探索与发现，教师的任务和角色也发生了变化，由传统课堂学习的知识灌输者转变为学生学习的促进者。建构主义提倡基于问题或项目的学习方式，教师此时作为学习者的帮助者提供必要的学习资源和环境。

这种方式强调的是"以学生为主体、以教师为主导"的"双主"模式，混合式学习模式的实践过程正好是学习者的有意义建构过程。

二、教育传播理论

教育传播理论也是混合式学习的重要理论之一，在混合式学习过程中，包括课堂知识信息的传输、传播符号的应用、教学媒体的选择等，都需要传播理论发挥作用。因此其在知识的传播过程中起到重要的指引作用，在教学中对采用不同的媒体和信息传递方式的研究将有利于混合式学习的顺利开展。

（1）马歇尔·麦克卢汉（Marshall McLuhan）："媒体是人体的延伸"理论

加拿大学者马歇尔·麦克卢汉在《媒介通论：人体的延伸》一书中提出了一个重要的观点：媒体是人体的延伸。譬如：望远镜和摄像机是人眼的延伸；磁带和储存器是人脑的延伸；扩音器和广播是人耳的延伸等。

"媒体是人体的延伸"这一说法的提出给教育界带来了新的生机：改变了人们对媒

体的传统认识,激发了人们对媒体互补性的探索。媒体对教育教学有着举足轻重的作用,人们不应该去寻找某种"万能"的媒体,应该根据客观条件和学生特征选择媒体的优化组合形式才能更好地发挥媒体效果,促进学习者学习,实现优化教学的目的。

(2)施兰姆(W.Schramm):媒体选择定律 1954 年美国大众传播学家施拉姆提出了媒体选择定律,用来解释和分析影响人类选择媒体的行为,施兰姆认为"媒体选择概率(P)"是"媒体产生的功效(矿)"与"需付出的代价(C)"的比值,即:P=V/C。

由公式中可以得出,当我们在选择或使用媒体时,应该降低分母,即减少媒体使用的代价,这样便可以提升媒体的功效,从而,以较小的投入获得较大的回报,这值得我们去反思和尝试。

通过对以上学者们的分析可以得出以下结论:在混合式学习中教学信息传递媒体的选择优化组合是影响教学效果的重要因素,在实际教学过程中,应根据客观条件来选择最优化媒体组合形式,提供教学资源,创造学习环境,促进学习者学习。

三、活动理论

活动理论并不是独立学科理论而是具有交叉性,用来研究在一定的条件下人类的行为表现理论。在混合式教学过程中,教学活动设计是一个重要的环节,是体现教师教学水平的重要指标,因此需要活动理论的支撑。

活动理论的内容主要包括活动和活动系统、活动的层次结构以及活动的发展变化三个方面。在教学实践中,学习者作为活动的主体,各种软硬件教学资源和媒介作为学习者的辅助工具存在,二者的相互融合构成了活动系统。在活动理论中,学习者的学习动机直接影响了学习者在活动过程中的行为表现,并且受到外界不断变化的环境的干扰和制约。活动并非一成不变的,行为活动会因周围条件和环境的更换,处于不断发展变化的过程中。因此,在设计以学生为中心的教学设计方案时,应重点考虑以学生学为中心,全方位关注学生的个体差异,不能只是简单依据教师的教学流程进行。活动理论的核心思想强调一切教学内容都可以通过设计教学活动来开展,混合式学习更应该结合实际社会需求,抓住学生身心特点,通过实践活动培养学生的适应能力和创新精神。

第三节　混合式学习与高校英语教学的融合

一、混合式学习与高校英语教学融合的意义

（一）加快高校英语教学理念的创新

要想在大学英语课堂中更好地应用混合教学模式，就需要先更新教学观念，不固守陈规，真正树立起混合式教学理念。将混合式教学的理念融入英语课堂，能够加深英语教学与互联网技术之间的融合，从而更好地把互联网模式、理念或者技术等应用到教学过程之中，这无疑有利于大学英语课堂教学的创新与变革。另外，需要指出的是，大学英语课堂混合教学模式也促进了各种教学方法、理念和技术之间的相互融合，从而使英语课堂能够对各种方法和技术进行综合运用，发挥各种方法和理念的优势，解决实际教学过程中所遇到的问题，并使大学英语教学得到进一步创新。

（二）构建混合模式下多边互动的师生关系

如果将混合教学模式应用在大学英语课堂中，那么必然会使教师与学生的角色功能、任务、关系等发生非常明显的变化。

首先，混合教学模式更加强调学生的主体性地位。教师应该花更多的精力帮助学生提高自主学习能力，引导学生通过各种平台和渠道搜寻自己所需要的信息资料并最终形成最适合自己的学习模式。

其次，教师的功能和任务也发生了极大的变化，在课堂教学指导方面以及教学设计方面都更为复杂。教师要及时更新自己的教学理念，及时了解教学新环境，在提高自身综合能力的同时加强对英语课程的合理设计，有效将各种混合式教学理念、方法和技术等融合起来，从而使英语课堂对学生起到更好的教育作用，并最终达到英语核心素养的培养目标。

最后，师生关系也变得更加密切。师生之间关于教学方面的交流和互动，不仅能够加深学生对知识的理解，促使学生对遇到的问题进行反思，还能够使学生对课堂内容的

记忆更加深刻，这无疑有利于学生对相关知识点进行熟练运用。

（三）推进高校英语课堂混合式模式的多元化发展

将混合教学模式应用在大学英语课堂中，使传统课堂发生了巨大的改变，并且课堂教学的所有环节都更加多元化，更加具有开放性，从而推动了英语课堂创新性的发展。

从教学资源方面来看，该混合教学模式能够对新媒体以及互联网中优良的英语教学资源进行汇总和分享，从而丰富学生的英语学习资源。有了这些资源的支撑，学生能够增加自己的知识储备，并进一步提升自己的能力。

从教学手段方面来看，混合教学模式所使用的教学方法和技术并不是单一的，它对教师提出了更高的要求，教师应该根据英语课堂的具体需求灵活使用各种教学方法和手段，从而有效解决课堂中的各种问题。

综上可知，大学英语课堂混合教学模式在互联网信息技术的基础上，使英语教学更加多元和开放，使课堂教学的所有环节都更加完善，从而提高了英语教学的质量和效率。

二、混合式学习与高校英语教学融合的可行性

混合式学习与高校英语教学两者之间的融合，实际上指的是混合式学习模式与各种教学理论的优势相结合，这使得它比单一教学模式具备更多的特点和优势。这种结合有利于发挥学生的主体性作用，而在这种学习模式下，教师则更多的是学习活动的引导者，在启发和激励学生的同时充分将学生的积极主动性、创造性、自主性等激发出来。这种新的教学模式不仅弥补了传统教学模式的不足之处，也更好地解决了教学过程中出现的问题和不足。下面重点介绍一下高校英语教学与混合式学习相融合的理论基础。

（一）人本主义学习理论

人本主义学习理论更加强调学习者的心理变化和心理感受，并且指出学习活动实际上是学习者的内心成长过程。在人本主义学习理论看来，教育的最终目的是使学习者实现个性化发展，并养成健康的身心。该理论认为，学习活动可以从实现自我价值出发，使学习者的潜能得到充分的激发，引导学习者以自己现有的认知经验和知识结构为基础进行学习活动，并逐渐实现对自我的重构。人本主义学习理论的核心在于让学习者在优

良环境下通过学习活动增加对外部世界的认识，并且在学习活动中要始终保持对自己内心感受的尊重。

该理论主张将学习者视作学习活动的中心，并且，它在促进学习者全面发展的同时更加注重个体之间的差异，主张让学生通过学习活动获得更多的知识，并得到情感和技能的充分发展，从而充分激发自身潜力。在人本主义学习理论看来，促进人的全面发展是教学活动的根本目的，而混合式学习模式中的师生为了达到这一目标也在不断付出努力。该理论指出，在学习过程中应该给予学生的心理状态更多的关注，使学习者通过学习活动获得更多的幸福感和满意度，给予学生自由学习的空间，从而让学生能够通过学习活动完成对自我的建构。混合式学习模式无疑使学生拥有了更好的学习平台，通过这一平台，学生能够获取更加丰富的学习资源，从而让学习活动充满趣味，从这一角度来说，混合式学习模式调动起了学习者的主动性、积极性及其学习热情。

此外，混合式学习中，各种社交工具和网络软件的发展变化无疑为知识共享以及师生互动等提供了更多空间。以此为基础，师生之间的沟通会更加深入，教师也能够获得更多的教学反馈，从而不断完善和改进自己的教学，并且有针对性地给学生做出指导。这不仅能够促进学生的全面发展，也能够使教师在教学和专业能力方面得到提升。

（二）建构主义学习观

随着时代的进步和发展，认知主义逐渐产生了一个新的分支学派，即建构主义，建构主义流行于20世纪90年代。在建构主义学派看来，学习环境主要包括四个要素，即会话、意义构建、协作和情境。在推动英语教学改革方面，建构主义具有不可忽视的作用。

皮亚杰（Piaget）是建构主义学派的代表人物之一。他指出，个体的知识结构产生于其与外部环境的交流作用，知识的获取不只有课堂这一条途径，个体也可以在特定的语言环境或者背景文化中获取知识，在他人的帮助下或者是通过对学习资源的应用，以有意义的构建方式获得。这里所说的学习资源包括多种形式，比如，文本资料、图片、视频、音频等。

与此同时，还要认识到，学习结构不仅仅指的是对特定刺激所做出的本能反应，它还应该包括在脑海中建立起来的认知图式结构。因而教师应该更多地帮助学生建立起自身的知识系统，而不是单纯地将知识灌输给学生。

（三）混合式学习与高校英语教学融合的必要性

随着我国教育改革的深入，我国高校英语教学也逐步走上了创新与改革之路。即便如此，在英语教学中仍不可否认存在着诸多问题，下面给出具体的分析。

第一，在传统教学模式下，英语教学课堂更多的是向学生讲解和传授教材的内容。这种僵化的教学模式无法真正使学生的能力得到提高，学生始终处于被动地位。在这种教学模式下，学生无法形成良好的创造性思维能力，并且学生的主观能动性也得不到发挥。

第二，当前的英语教学不重视培养学生的英语应用能力。在传统教学模式下，学生对英语的学习更多的是对英语单词或句子等进行记忆，而无法做到真正的学以致用，因此，学生很难体会到获得知识的愉悦之感。在英语教学中如果忽视了对学生运用英语能力的培养，就会逐渐让学生失去学习英语的兴趣和信心，让他们觉得英语课程毫无乐趣可言。当前英语课程仍旧要面对很多考试，在诸多考试的压力之下，很多英语教师在英语课堂上更加注重对知识、单词、语法等的传授，并且将掌握这些考点作为学生的学习目标，这就使得学生对英语的应用实践能力得不到提升，学生的听力能力、口语能力都较差。

另外，网络以及多媒体内容极大地丰富了教学资源，并且增加了师生之间的沟通渠道，与此同时，那些交互性、传播性极强的光盘课件以及网络课程等也都对传统教学模式造成了一定程度冲击。但需要注意的是，尽管当前时代的物质环境十分优越，但是由于缺乏教师的监督、指导和帮助，学生通过网络进行自主学习并不能取得较为理想的效果。

通过以上内容，我们可知，传统教学模式在某种程度上阻碍了英语教学课堂质量的提升，阻碍了学生英语成绩的进一步提高，这就让英语教学举步维艰。教师改革传统教学方法，将混合式学习模式融入传统教学模式中，并在现代教育技术的基础上，形成能够充分发挥学生主动性的英语教学新模式，是当前教师工作的重心所在。

第二章　线上线下混合式教学

在"互联网＋教育"的理念指导下，构建线上线下混合教育模式，重新挖掘课程资源、设计课程体系，转变教育理念，逐渐成为我国高校教育发展的关键抓手与主要任务。本文初步探究了线上线下混合式教学模式，从线上线下混合式教学的意义、线上线下混合式教学的原则、线上线下混合式教学在实践中的设计及应用这几个方面进行了具体分析。

第一节　线上线下混合式教学的概述

一般意义上来讲，线上教学指的是利用信息化技术，依托网络媒介，在MOOC（大型开放性网络开放课程）平台上进行在线学习。学生只要有网络就可以随时随地获取优秀的课程资源。线上线下混合式教学指的就是这种在线教学和传统的在教室里面对面教学高度融合的教学模式，但事实上，受师资、设备、资金等影响，能开展MOOC的学校并不多。因此，线上线下混合式教学并没有得到广泛的应用。

2020年一场突如其来的疫情，使中国的经济承受了沉重的打击，给人民的工作和生活带来了极大的不便，也给中国的教学模式带来了深刻影响。为了避免聚集性传染，2020年春季学期大部分高校都没有开学，而是选择了网上教学，这就使得线上教学的隐形壁垒瞬间瓦解，在线教学迅速得到了普及，老师都变成了"在线主播"，广大教师从排斥到质疑，再到接纳后的积极实践，最后到不断的总结经验教训，线上教学水平得到了大幅提升。在线教学模式得到了广大师生的认可，对在线教学新常态的呼声越来越高。随着疫情的缓解，学生返校后，如何进一步因势利导推进在线教学，积极开展线上线下混合式教学，对促进高校教育教学变革、提高教书育人质量意义重大。

一、线上线下混合教学的技术基础

线上线下混合教学的产生与发展，是现代教育技术特别是网络技术发展的结果。每一次教育技术突破都带来了教学模式变革，进而推动大学教学理论不断深化发展并反过来指导教学改革实践。

美国教育技术产生最早、最发达，其发展脉络最清晰完整。美国教育技术的发展可分为四个阶段：一是口耳相传的传统教育阶段，二是以幻灯片为主的电化教育阶段，三是以多媒体教学主的多媒体教育阶段，四是以网络为主的网络教育阶段。

我国的教育技术学习和借鉴美国经验，受美国影响很深，也有大致相同的发展历程。我国现代教育技术最早也是电化教育阶段。此后，远程教育开始出现，主要以广播、电视和卫星为媒介，电化教学逐渐向多媒体教学转化。80年代中后期，通信技术、计算机技术、网络技术等的发展和进步，给教育方式带来了革命性的影响和变化，网络教育应运而生。

教育技术的进步推动着教育方式方法的变革。世界各国都十分重视教育技术的发展，并且把发展教育技术作为教育兴国的重要途径。例如，1998年，美国政府投入巨资，打造信息高速公司，使所有学校都与因特网连通，方便民众通过网络学习。

网络技术飞速发展与普及、移动终端的广泛使用，使知识传播途径发生了根本变化，线上学习成为人们学习知识、提高技术的重要途径。与传统线下教学相比，线上教学发生了根本性的变化，教学环境由教室变为网络空间，教学手段由教师讲解变为网上直播，教学方法由相对单一变得丰富多样，教学组织由集中变为分散。线上教学面临的新情况、新问题，成为广大教育工作者无法回避的现实课题。

2020年，突如其来的新冠肺炎疫情使学生返校上课成为泡影，传统的学校教育受到极大影响，但是，线上课堂与线上学习的开展，却为师生们提供了新的学习途径。疫情期间，大学英语积极开展线上教学，主要做法有：

——利用网络教学平台的课程资源。鼓励学生使用优秀在线课程，利用智慧树、超星、慕课等教学平台的在线课程，鼓励教师开发自己的慕课。参照教学日历安排，进行线上辅导和检查。

——任课教师开设在线直播课程。任课教师根据教学日历进行在线授课。主要的平台有腾讯会议、企业微信、钉钉课堂等。

——通过网络平台推送教学资料。任课教师通过在线教育平台，建立线上课程，教师按教学日历和课表安排教学内容，上传录播课程和各项教学资料，并进行线上辅导。

——使用微信群、QQ等辅助教育管理。通过微信群和QQ等通讯工具，完成信息发布、资料推送、作业提交、讨论交流等教学工作。

——开展线上教学的管理监督。通过线上学习平台，开展教学管理监督，包括课前检查教学准备、课中检查教师授课与学生参与、课后检查互动答疑、作业评改、教学评价等。

疫情防控期间，之所以线上学习能够相对顺利地进行，网络技术与通信技术的成熟与普及，无疑提供了强大的技术保障，并将继续为未来的线上线下混合教学提供助力和支持。

二、线上线上混合教学的理念支撑

教育技术的发展带来教育理念的更新。终身学习、自主学习、网络学习的观念被越来越多的人所认可和接受。

（一）终身学习

21世纪，社会以加速度发展，科技进步日新月异。单纯依靠传统的学校教育，已经无法满足社会发展和个人发展的需要。许多新兴学科、新的职业都是近十年乃至近几年才出现的。学习不再是青少年学子们的专利，终身学习成为21世纪人们面临的共同课题。20世纪60年代，联合国教科文组织提出了终身学习的理念，并大力倡导。终身学习指一个人从婴幼儿到中老年的人生各个阶段，从学校和社会各个领域的学习过程，它是伴随人的成长的长期过程，是个人维持和改善生活质量的重要手段，是社会和国家快速发展的必然要求。目前，终身学习的理念在全世界广泛传播，许多国家都把这一理念贯彻在制定本国的教育方针与政策之中，极大地拓展了传统教育的内涵与外延，正式学习与非正式学习、线上学习与线下学习日益融合。

（二）自主学习

与终身学习的要求相适应，人们还必须具备自主学习的能力。终身学习大多不是在学校通过传统教育来完成，而是需要通过自主学习来完成。因此，21世纪的教育强调以人为本，强调学习主体的自主性。未来教育的任务，不只是传授知识，更重要的是培养学生的自主学习能力。在教学过程中，要从学生为中心，重视兴趣和习惯的培养，提高学生的学习能力，使学生学会自觉自主自为自律地学习知识、提高技能。

（三）网络学习

网络学习是信息社会人们通过计算机网络进行的学习活动。和传统学习相比，网络学习具有学习资源丰富、学习时间灵活、学习形式多样等优势：网络资源丰富，网络学习自由灵活，学习形式多样。对于英语学习来说，网络提供了一种便利、有效的学习手段。开展网络自主学习已成为大学英语教学的重要内容，也是开展线上线下混合教育的应有之义。

2017年，我国教育部颁布的《大学英语课程教学要求》明确指出，大学英语教学目标是培养学生"三种能力"，即英语应用能力、跨文化交际能力、自主学习能力。在教学方法上，要充分利用网络教学平台，为学生提供丰富，使学生从由被动接受者变为主动学习者。教学手段上，要求充分利用信息技术，创建多元的教学与学习环境。《教学要求》中多次强调了自主学习与网络学习的重要性，鼓励教师探索与实施基于线上线下混合教学，使学生朝主动学习、自主学习和个性化学习方向发展。

相对高等教育其他学科，我国大学英语教学在理论和实践都紧跟时代、与时俱进，努力把终身学习、自主学习、网络学习等理念融入教学实践过程中，把线上线下混合教学作为大学英语教学改革的重要内容和发展方向。

三、线上线下混合教学的变革趋势

2015年，美国新媒体联盟发布《地平线报告（高等教育版）》，认为网络、社交媒体、视频等，使学习变得普遍，主张"混合正式学习与非正式学习"。2017年，该联盟再次发布报告，提出要"整合正式学习与非正式学习"。从2015年提出的"混合"到2017年提出的"整合"，均强调非正式学习的地位和作用，并试图将传统教育之外的非正式学习，纳入传统结构化课程之中，使之相互融合。可见，线上与线下混合教学，体现了融合"正式学习与非正式学习"的理念，符合当下大学英语教育的特点与要求。

正如2003年非典疫情推动了中国电子商务的发展一样，2020年的型冠肺炎疫情推动了线上教学的普及。在疫情防控期间，线上教学成为开展教学、保持教学进度的唯一选择。在这种情况下，很多对线上教学不了解、不熟悉的教师，也被迫恶补相关知识。

高校对开展线上教学购置设备、提供资源、加强教师培训，为线上教学的开展提供了便利。这些都使线上教学迅速开展起来。今年4月，在"在线与在校——面向未来的混合式教学与教研"研讨会上海淀区教师进修学校校长罗滨提出，未来线上自主学习将成常态化，在线与在校融合式教学与教研将成为常态化。突发的疫情，使得线上学习的优势和特点，为越来越多的人所认可；而疫情防控的常态化，又使得线上线下混合教学成为大学英语教育的必然选择。从一定意义上讲，线上线下混合教学是21世纪教育发展的必然趋势，即便没有发生今年这样的疫情，它也会如期而至，不会缺席。

关于线上线下混合教学这一新的教学模式，还有许多理论和实践问题还要研究和回答。线上和线下教学如何混合？线上和线下如何分配？混合教学对教学管理者、教师和学生都有什么要求？线上课程开发和教学资源建设怎样进行？线上教学平台存在哪些需要改进的问题？诸如此类，还有许多问题有待进一步研究和探索。

第二节　线上线下混合式教学的原则

一、以教师为主导的原则

虽然线上的教学资源非常丰富，但鱼龙混杂、良莠不齐，而学生受自身的年龄、阅历以及知识储备的限制，很难甄别五花八门的线上资源，这就需要教师起好的引导作用，遵循以教师为主导的原则，引领学生选择正确的、有价值的、优秀的教学资源。

二、以学生为主体的原则

线上线下混合式教学模式就是要充分激发学生的学习兴趣，调动起学生学习的积极性、主动性，使他们由"要我学"变为"我要学"，这就要遵循以学生为主体的原则。教师在选择线上教学资源以及开展线下教学时，要尽量选取学生感兴趣的内容，要与时俱进，紧跟时代潮流，要研究学生的心理，了解他们喜欢什么，排斥什么，从而确定相应的教学内容。线上要给学生提供交流分享的平台，线下课堂上要采取灵活多样的教学方法，尽量让学生更多地参与进来，充分体现学生的主体地位。

2020年春季学期刚开始线上教学时，大部分老师都焦虑、担忧，担心线上教学不能和学生进行及时有效的沟通，从而影响教学效果；担心学生自律性差，不认真听课。这其实正体现了教师从"教"的立场来看教学。虽然近几年一直提倡要以学生为中心，但是教师在平时的教学中还是不知不觉地又偏向了"教"。线上教学具有现场感弱、监控力差的特点，如果教师提供的教学内容不够精彩，教学手段不够灵活，就很难吸引住学生。所以线上教学就更应该遵循以学生为主体的原则，努力激发学生兴趣，充分调动学生的学习积极性。

三、线上线下紧密衔接的原则

线上线下混合式教学要以线下教学为主，线上教学为辅，线上线下教学资源要紧密衔接，无论是教学内容还是教学形式，都要高度一致，避免学生无所适从，这样才能收到良好的教学效果，实现教学目标。

第三节　线上线下混合式教学实施方案

制订科学高效的线上线下混合式教学方案，对整个教学过程的实施具有重要意义。教师需以"课前-课中-课后"三个教学阶段为框架，针对各环节的不同特点分类设计线上线下混合式教学方案，设计过程需有教研室的课程团队成员针对不同课程进行研讨，汇总多方意见，形成一套较为完备可行的实施方案，指导各位教师开展线上线下混合式教学。

一、课前阶段

采用何种线上线下混合式教学需要依据课程内容进行选择。开展线上线下混合式教学时教师需坚持差异化设计原则，根据课程学时、教学大纲、内容设置等方面制订线上线下混合式教学方案时，针对线上教学资源、课程平台、教学活动设置等多方面开展多方调研，经过专家论证后，确定最优授课方案。

确定授课方案后，需组织教师与学生开展教学演练活动，制定应急预案。同时教师在课前阶段通常会利用课程平台、线上教学资源、通讯工具等开展线上教学活动，一方面引导学生自主预习相关知识，明确教学内容与学习目标；另一方面整合线上优质教学资源，拓展本校教学资源库，通过线上活动拓宽学生的知识面[1]，激发学习兴趣，发展学生思维，为开展线下教学活动，提高学习效率与质量奠定坚实的基础。

二、课中阶段

此阶段为线下教学阶段。经过线上教学，教师根据学生线上学习任务的完成情况，及时调整线下教学方案，并坚持问题导向原则，解决学生在线上教学活动中遇到的难题，对重点知识进行重点讲解。相比于传统教学模式下的线下授课，经过线上教学活动后的线下授课阶段，对于部分基础知识点，学生已经通过线上的预习阶段学习，教师无须在线下课堂进行传授，学习效率、教学质量、学生的接受程度都有不同程度的增加。同时

---
[1] 刘晓东,王鹏,吴磊,李一平,褚克坚.基于SPOC的线上线下混合式教学模式构建与实践——以"环境影响评价"课程为例[J].教育教学论坛,2021(4):173-176.

学生对教学内容理解更加深刻，学习自主性得到提高，教师讲解知识更具针对性，无论对于学生或者教师，学习质量与教学质量均有提升。

三、课后阶段

作为一种新兴教学模式的创新，线上线下教学模式整体实施方式仍在探索阶段[①]，教学经验有待积累。因此，建立课后阶段的以"教师-学生-督导"为中心的反馈机制对提高线上线下混合式教学质量具有重要作用。其中，学生对整体教学活动的评价成为教师逐步完善线上线下混合式教学方案的重要依据，关注学生对整体教学活动的评价与学习成果，成为完善教学方案的关键途径。因此，课后阶段主要包括两方面内容，一方面及时关注学生课堂作业的完成情况，引导学生对所学知识进行内化吸收的同时，进行拓展延伸；另一方面坚持问题导向，及时跟进学生对整体教学活动的接受度和喜爱度，根据评价结果及时改进教学方案，形成过程性评价，从而全面提高线上线下混合式教学质量。

---

① 张策,徐晓飞,初佃辉,谷松林,王峥.重构·融合·革新——基于MOOC的混合式教学模式探析[J].高教学刊,2021(6):1-8.

第四节　线上线下混合式模式的教学实践应用

线上线下混合式教学，既可以充分利用网络在线教学优势，让在线课堂成为知识传授的重要渠道，又可以强化教师与学生、学生与学生面对面线下课堂互动，进行知识探究、思辩、互动与实践的全新教学模式，使传统以教师为中心、知识灌输为主的教学模式转变为以学生为中心、以能力提升为核心的个性化教学模式。

一、要利用现代信息技术不断提升在线教学的质量

目前的线上教学大部分都是直播授课或录播授课。高质量的在线教学应包括精心组织与运行的教学过程，利用动画、视频等多媒体手段营造的沉浸式学习环境，在线论坛、学习社区和穿插在视频中的即时问答以及开放性练习，教师与学生之间的互动教学和学生与学生之间的协同学习，呈现的不光是优质教育资源，更是强大的教育服务。

二、要合理选取设计维度

（一）内容维度

根据授课内容重要性的不同，可以将授课内容分为基本内容、中心内容和外延内容。其中基本内容跟外延内容的重要性稍微差一些，可以由学生在线上自学完成；中心内容是重中之重，一定要在线下由老师和学生一起完成。这样安排才会达到更理想的教学效果。

（二）时间维度

教学设计要包括课前、课中、课后三个时间模块。课前模块侧重引领学生进行预习，使他们对即将要学的内容有一个基本了解。本模块可在线上由学生自己完成；课中模块侧重知识的精细讲解，为了保证学生能听懂、吃透，对此部分知识真正掌握，此模块要

在线下传统课堂上由老师和学生一起面对面完成；课后模块侧重对课堂知识进行复习巩固，并拓展延伸，使学生的知识面更加宽广，此模块可在线上完成。

三、线上线下混合式教学模式的具体应用———以英语课程为例

我们选用的是超星公司的"学习通"教学平台，然后按照课前任务、课中讲授、课后实践等流程来开展教学活动。

（一）课前任务

根据教学内容，教师给学生布置相应的课前线上学习任务，并提前把该节课的课件（包括文字、视频、音频等内容）上传到学习通平台上，学生根据这些资料完成任务并上传到学习通。笔者给学生布置的学习任务通常分为口语作业和书面作业，口语作业需要两个学生一组进行口语交流并拍成视频上传，书面作业完成后也要在规定时间内上传。教师要随时关注学生完成作业的速度和质量，督促他们按时完成，对于作业中出现的问题要归纳整理，等面授课时再集中讲解。也要叮嘱学生对于遇到的问题及时记录下来，等到面授课时再集中解决。

（二）课中讲授

课中讲授是教学流程中最重要的一环，我们要打破传统的教学模式，课堂上主要是巩固学生课前线上学习的内容，解决他们线上学习所遇到的问题，重点是培养学生对知识的迁移能力、应用能力。教师可以通过设计引导性问题，检测学生课前线上学习的效果，从而确定授课内容；可以将学生分成学习小组，通过小组讨论、团结合作，培养其探究问题和解决问题的能力，而老师在学生讨论过程中要注意巡回指导，针对学生的共性问题，再做统一讲解。

（三）课后实践

要想学好英语还离不开课后实践。教师不仅要重视理论知识的讲授，更要关注实践活动的进行，课后实践活动也可以在学习通上进行。可以开展线上研讨、辩论等，鼓励学生积极参与进来，通过课后实践对课堂上所学知识进一步的消化吸收。

线上教学在带来挑战的同时，也为教师提供了巨大的思考空间，极大地拓宽了教师

的教育视阈，激活了教师的教育信心和创新意识。因此，笔者认为线上线下混合式教学新样态值得期待，也必将精彩。

第三章 高校英语教学现状与改革

第一节 高校英语教学现状

高校英语教学是我国高等教育的重要组成部分，高校英语课程是大学生的一门必修基础课程，在人才培养方面具有不可替代的重要作用。高校英语教学成绩不小、问题不少，有进展、待突破。高校英语教学还存在一些不容忽视的问题，与教学大纲的要求、社会的需求还有不少距离。高校英语教学存在的主要问题有：

（1）发展不够平衡。高校英语教学改革在不同区域，在不同类型、层次高校中，发展不平衡。

（2）大学生英语综合应用能力不强。教师花了很大的精力来施教，学生花了很多的时间来学习，但仍有一部分大学生听不懂、说不出、看不明。

（3）教学模式相对单一。部分学校仍然停留在以教师讲授为主的单一教学模式，大学生学习的积极性、主动性、创造性没有被调动起来。

（4）文化传承功能发挥不足。高校英语教学在培养学生人文精神，增进大学生对不同国家、不同文化的认识和理解，增进大学生对我国优秀传统文化特别是社会主义先进文化的学习和认同方面的作用发挥得不够。

（5）教师业务水平和教学能力亟待提高。尽管近年来高校英语教师队伍建设取得了长足进展，但这支队伍的业务水平和教学能力还不能完全适应高校英语教学改革的新要求，有待进一步提高。

第二节 高校英语教学方法与教学策略改革

一、高校英语教学方法改革

（一）高校英语教学方法

外语教学法是一门研究外语教学理论和教学实践、外语教学过程和教学规律的学科。长期以来，外语教学界最为重视的就是外语教学法，因为"在其他条件等同的情况下，不同的教学方法会导致完全不同的教学效果"。随着时代的发展，外部整体的学习环境发生了很大变化，教学模式也做出了相应改革。学生可以不再像以前完全依赖学校或者教师的授课，英语学习朝着个性化、主动式方向发展。教学中若没有相应的教学方法，教学内容就不能很好地传授，教学目的就难以达到。自高校英语教学大纲推行以来，我国的高校英语教学取得了很大的进步，主要表现在英语教学改革初见成效、教学设施得以改善、大学生的英语水平在逐年提高。然而，在高新技术迅速发展的今天，社会对于外语人才的要求越来越高。学生不仅要有扎实的语言知识，还要具备良好的综合素质和交际能力，因此，为了顺应变化的学习环境和教学模式，满足新形势下外语人才的培养需要，我国高校英语教学的当务之急就是改革某些陈旧的教学方法，创造新的教学方法，寻找最优教学法。

最优教学法就是适应特定的社会环境、教学环境、教学对象、教学目的要求的教学法，目的是在充分发挥现有条件的基础上达到最好的教学效果，而不是追求统一的、唯一的方法。任何教学法都有其产生的特定背景，并不能服务于所有教学目的，也不能适用于各种学习阶段，能达到最好教学效果的方法就是最优教学法。各种外语教学法各有所长，成功的外语教学法一般都不是采用了某种特定方法，而是能够最大限度利用现有资源，博采众长，尽可能地采用适合自己的特定教学法。因此，各高校在选择教学法的时候，要充分考虑学校教学环境、设备建设、学生整体水平以及师资力量等客观因素，结合教学目的与任务、教学内容、教学组织形式等教学基本成分，对现有的外语教学法实现重新组合搭配。

1. 高校英语传统教学法

外语教学法是外语教学过程中的一个重要成分,是为完成教学任务、实现教师怎样教、学生怎样学以及师生相互作用所采用的方式、手段和途径。外语教学法是一定历史背景和社会环境的产物,是根据不同教学阶段以及教学要求决定的。不同的外语教学法产生于改革外语教育的实践,受制于外语教育的目的,不同的外语教学法并非相互对立,而是长期相互依存的。各类教学法在见解方面相互借鉴,理论内容互相融合。语言教学史上,曾先后出现过语法翻译法(Grammar translation Method)、自觉对比法(Conscious-comparative Method)、认知法(Cognitive Approach)、直接法(Direct Method)、听说法(Audio-lingual Method)、情境法(Situational Language Teaching Approach)、视听法(Audio-Visual Approach)和交际法(Communicative Approach)等体现不同教学理念的教学法。

一方面,英语教学法总是处于批判、继承、发展、创新的过程中,正是这种历史继承性才使综合与折中的趋势有了存在发展的可能;另一方面,高校英语改革是与时俱进的,是时代发展的要求。因此,可以说高校英语教学改革不是照搬照抄外国的理论,而是以高校英语教学方法运用的现状与时代要求为立足点,选择一种既符合高校英语教育教学现实又符合时代需要的英语教学方法。由于受不同语言学基础和心理学基础的影响,早期传统教学法往往比较注重语言结构和语言规则的掌握,而相对后起的一些教学法如交际法,则比较注重语言意义和语言功能的掌握。我国高校英语教学中正在使用的、有代表性的几种方法可概括为:语法翻译法、情境教学法、交际教学法、任务教学法、直接教学法。

语法翻译法始于18～19世纪,是随着现代语言作为外语进入学校课程而形成的第一个有影响的外语教学方法体系,也是我国早期高校英语教学主要采用的方法。语法翻译教学法强调学生母语在教学过程中的重要作用,强调母语和英语的共同使用,认为将母语与英语的异同挖掘出来有助于学生更加明确地理解英语。现代语法教学法主张以语法为语言的核心,是外语学习的主要内容,教师只需具备外语语法基础知识和母语外语互译能力就可在语法理论的指导下开展教学。课堂教学以教师讲解为主,学生被动接受。教师用母语组织教学,充分利用本族语,以翻译为主要学习活动形式进行讲解,使语法为阅读教学服务;学生主要通过本族语和外语的互译来巩固所学的词汇和规则。语法翻译法把口语和书面语分离开来,把阅读能力的培养当作首要的或唯一的目标。因此,语言知识的提高、词汇的理解、语法的变化成了课堂的教学重点。在教学中，翻译既是手段又是教学目的，对语法学习的强调，对理性知识的重视，虽然加深了学生对目标语言的理解，对阅读、翻译、写作等方面的培养行之有效，可是围绕着语法规则的记忆与机械操练，不能保证学生在实际的生活环境中正确使用语言，学生运用英语进行口头、书面交际的能力仍然比较薄弱。

情境教学法也叫视听法，主要针对听说法脱离语境、孤立地练习句型、影响学生有效使用语言能力培养的问题。20世纪50年代在法国产生了情境法。情景教学法是教师根据课文所描绘的情景，创设出形象鲜明的投影图画片，辅之生动的文学语言，并借助音乐的艺术感染力，再现课文所描绘的情景表象，师生就在此情此景之中进行着的一种情景交融的教学活动。在情境教学法中，语言被看作是与现实世界的目标和情景有关的有目的的活动。这种教学法对视觉辅助物依赖性很强，教师利用多媒体创造情景，新的语言点通过情景进行教学和操练，这样的教学法往往会让学生产生一种身临其境的感觉，同时还会激发学生学习英语的积极性和热情，帮助学生更为准确和牢固地完成对于英语知识点的记忆。通过获得有价值的感性材料，可以实现英语教学理论与实践的有机结合，为英语的语言知识学习提供良好的条件。在外语教学中，良好的语言环境往往对于英语的感知起到很大的促进作用。情境的创设能够加速外语与事物的联系，有助于理解所学语言；重视整体结构的对话教学，使课堂变得生动活泼，学生学得自然，表达准确。但是情境法的不足之处是在运用过程中，强调通过情景操练句型，在教学中只允许使用目的语而完全排除母语，这不利于对语言材料的彻底理解；教师若过分强调整体结构感知，就无法保证学生对语言项目的清楚认识。

交际教学法也叫"功能法"（Functional Approach）或"意念功能交际法"（Notional-Approach Approach），是由威尔金斯提出的，其历史可以追溯到20世纪60年代，威尔金斯指出交际能力不仅仅包含语言知识，还应包括语言运用的能力，尤其应该注意语言运用的得体性，它包括对交际时间、交际场合、交际话题、交际方式等诸多因素的灵活把握和运用。交际教学法使语言教学观发生了革命性的变化，在外语教学中发挥了巨大的作用。它提倡以语言功能项目为纲，强调在语言运用中学习语言，从而实现培养交际能力的教学目的。传统的英语教学，以教师为中心，采取"满堂灌"形式，忽略了学生语言技能的培养，这种教学越来越多地表现出与实际要求的脱离。交际教学法在师生共建的课堂互动模式中给学生提供更多使用语言的机会，在继承传统教学法合理成分的基础上，将学生能够运用英语语言能力作为学习的目的。它强调交际的过程，认为有没有一个具体的目标和明确的结果并不重要。交际教学法认为语言是实现交际目的的手段，但是仅仅具有听、说、读、写能力并不一定就能准确表达意念和理解思想，因为语言的交际功能受制于语言活动的社会因素，教学过程就必须交际化。这就意味着要尽可能避免机械操练，而应该让学生到真实的或接近真实的交际场合进行练习，感受情景、意念、态度、情感和文化修养等因素如何影响语言形式的选择和语言功能的发挥。因此，老师应该借助课堂或者多媒体教学多为学生创造、提供交际情景和场合。在真正意义上实现"用语言去学"和"学会用语言"，而不是单纯的"学语言"，更不是"学习关于语言的知识"。

任务型语言教学是在20世纪80年代交际法被广泛采纳的情况下产生的，是交际法教学和第二语言研究两大领域结合的产物，代表了真实语境下学习语言的现代语言教学理念。任务型教学法是通过教师引导学习者在课堂上完成语言任务来进行教学的方法，强调"在做中学"，是交际教学法的延伸和发展，教育的重心从教科书和教师转到学生，教师引导学生在各种语言任务中学习。在课堂教学活动中，教师围绕特定的交际项目，创设出目标明确、可操作的任务，学生通过表达、交涉、解释、沟通、询问等多种活动形式完成任务，达到掌握语言的目的。任务型语言教学要求学习者积极主动地参加整个语言习得过程，要按照计划按时做好、做完上课前的各项准备工作，包括预习课程、查找资料、写报告、提前排练表演、背诵、记忆教材内容等等；课堂上要积极参与各项学习、讨论、陈述、讲解等学习活动。任务完成的同时就是巩固旧知识，并且学习与运用新的语言知识的过程，从而达到学习语言和掌握语言的目的。任务法综合了多种教学法的优点，和其他教学法互相补充、相互完善。通过完成多样化的任务活动，学生的学习兴趣被激发，语言技能和语言知识得到了发展，对培养学生的语言综合能力大有裨益。这与传统的语言操练完全不同，任务型教学法充分体现了以学生为中心、以实现语言运用为目的的教学理念。

直接法是19世纪后半叶作为语法—翻译法的对立物在西欧出现的，主要代表人物是贝立兹、艾盖尔特和帕默。贝立兹主张力求在外语教学中创造与儿童习得母语的自然环境相仿的环境，并采用与儿童习得母语的自然方法相一致的方法。帕默认为语言是一种习惯，学习一种语言就是培养一种新的习惯，习惯是靠反复使用形成的。因此，直接教学法主张不依赖学生的本族语，通过思想与外语的直接联系来教外语的方法。它主张外语教学应以语音训练为主，对语音的掌握是学好外语的关键，语音训练应充分利用音标；口语训练是外语教学的目标，语言材料以日常口语材料为主，口语活动是课堂主要活动形式，在教学中要尽量避免使用本族语和翻译，因为进行翻译既浪费时间又妨碍外语气氛的形成，且易使学生按照本族语去类推外语句子，故应该避免。直接法强调建立外语词语与实际的直接联系，以培养学生使用外语思维，这就为外语学习提供了一种生动活泼的学习方法，激发学生的学习兴趣，促进学生积极参与课堂教学活动。教师每教一个新词语，应把该词语所代表的事物、意义及客观表象直接联系起来，不是先学习语言规则，而是先模仿着说。让学生先实际掌握语言材料，再从他们积累的感性语言材料中总结出语法规则，用以指导以后的学习。直接教学法重视听觉感知和听觉记忆，对于培养学生的语音语调，特别是在培养学生的活动能力方面效果明显。这样，它通过提出先听说后读写的教学要求，把语言听说教学提高到前所未有的重要地位。

2. 当前高校英语教学法存在的问题

通过对我国外语教学现状的调查发现，虽然各种教学法流派对传统教学法产生了很大冲击，但以语法—翻译法为代表的传统教学法影响力依旧较大。语法翻译法在中国语言教学中存在的基础是其合理性、可行性和有效性，但这并不意味着它是最好的、最合适的，因为过分强调语言知识的传授，忽视语言技能的培养，导致语音、语法、词汇与课文的阅读教学脱节，并且教学方式往往比较单一，课堂教学不活跃，不易引起学生的兴趣，也不利于培养学生综合外语能力的培养；而情境教学法在教学中未能恰当地发挥母语在外语教学中的积极作用，对母语完全排除，过分强调目的语的使用，这不利于对语言知识点的彻底理解；交际教学法通过恰当的语言输入和有意义的课堂互动帮助学生习得语言，提高学生的听说能力，但是由于不提倡单纯的语法解释，因而无法保证语言表达的准确性，而且对于外语教学中重要的读写能力有所忽视；任务教学法通过完成各种各样的学习任务来激发学生的学习兴趣，将知识与技能结合，有助于培养学生综合的语言运用能力，但是课堂的组织和任务的设计过分依赖教师的能力和教学水平，而且在大班教学中难以保证任务的完成，课堂效率就会偏低，并且无法有效监督学生的个体表现；直接教学法在外语教学中偏重经验、感性认识，这种方法对培养学生实际掌握外语特别是口语虽然较好，但语言修养浅薄，对许多语言现象知其然而不知其所以然，对难度大结构复杂的语句只能凭语感猜测，不免出错。在英语教学中，任何一种方法都有其优点和缺点，因为它们都是某一个时代的产物，反映某一时期的英语教学需要。随着社会的发展，人们对英语的学习多样化，现在仅靠一种方法是达不到目的的，因此，高校英语教学法的选择应借鉴当今较有影响的几种外语教学法，博采众长，在充分吸取教育学、心理学、语言学、第二语言习得等领域的研究成果的基础上，充分考虑外语学习的特殊性、师资水平等，针对学生学习外语的特点、目标和环境，探讨和设计出符合不同水平层次学习者需求的教学方法，各种教学法的优化融合可能会成为未来中国高校英语教学的趋势。

3. 教学活动中多种教学法的综合运用

高校英语教学在方法上越来越趋于多样化、折中化、本土化、学生中心化和学习自主化，这些变化促进了中国的高校英语教学改革。外语教学是一门实践性极强的课程，它需要一定的知识传授，但更需要活泼、较为真实的课堂教学氛围，以及作为语言学习主体的学习者的积极参与和大量的交际实践。对于英语知识点的单纯讲解方式已经不再是开展教学工作的唯一方式，新的教学法在英语教学中发挥着越来越重要的作用。教师的"教"和学生的"学"是教学的两个重要环节，需要教师和学生共同参与。那么如何在师生共建的课堂互动模式中，有意识地创造各种语言环境，积极调动学生学习英语的积极性，让学生正确地使用英语知识去表达、交流思想和传递信息是外语教学法要解决的首要问题。但是英语教学法的运用不是固定的、排他的，这就要求教师在教学过程中灵活地选择有效的英语教学法。在以计算机、多媒体和网络为辅助手段的基础上，将不同的教学法穿插使用，可以有效地调动学生学习英语的主观能动性，有助于教师及时对教学过程进行调控，同时可以加强学生与教师之间的有效沟通，帮助学生更好地提高自身的语言能力。教师对教学法进行选择时应注意兼顾几个原则：知识的体系性；任务的多样性；情境的真实化。

英语教学法要帮助学生构建扎实的语言知识体系。《高校英语课程教学要求》指出，高校英语的教学目标是培养学生的英语综合应用能力以及用英语进行交际的能力。交际能力由两个方面组成：语言知识和交际知识。语言知识的积累可以提高交际能力，交际实践可以巩固学到的语言知识，并进一步促进交际能力的提高。在这两者的关系中，语言知识的学习是基础，也是最终为语言交际服务的。因此，语言教学以交际为中心，但又不忽视语言形式的学习。语法翻译法经过长期的发展，在诸多方面已经做出变化，并且对于知识体系的建构也更为成熟。它虽然强调的是理性的语言知识，是规则，是框架，但它在一定的程度上已经摒弃了母语与目标语之间的机械的比较和逐字逐句的翻译，实行以课文为中心的语音、词汇、语法综合教授的新的教学方法。教师在开展教学的过程中可以参照语法翻译教学法，先讲授词法，然后再讲授句法；采用演绎法讲授语法规则，再举例子予以辅证说明；语法练习的方式一般是将母语句子翻译成外语。在强调阅读作为外语教学的主要目标的同时，考虑对学生听、说、写能力的培养，这样的教学法在很大程度上有助于学生英语知识体系的建构。此外，语法翻译教学法认同学生的母语在教学过程中的重要作用，强调母语和目标语言的共同使用。这样在课堂上，教师适当地采用母语进行解释，尤其是针对具有抽象意义的词汇和母语中所没有的语法现象，既省时省力又简洁易懂；再者，将英汉两种不同的表达方式进行比较，可以提高学生正确运用目的语的能力，因此在教学中可以灵活采用。

教学法能否调动学习者的学习兴趣是保证教学质量的关键，因此，在教学中教师应该确保学习任务的多样性。任务教学法主张以任务组织教学，在任务的履行过程中，以参与、体验、互动、交流、合作的学习方式，充分发挥学习者自身的认知能力，调动学生已有的目的语资源，在实践中感知、认识、应用目的语，体现了较为先进的教学理念。教师在设置任务的时候要以激发学生学习兴趣和成就感为出发点，围绕特定的交际和语言项目，设计出具体的、可操作的任务，让学生在任务的驱动下学习语言知识并进行技能训练，在感知、认知知识的过程中达到学习和掌握语言的目的。活动可围绕教材但不限于教材，要以学生的生活经历和实际交际活动为参照，不仅要有利于学生英语知识的学习、语言技能的发展和运用能力的提高，还应有利于促进英语学科和其他学科之间的相互渗透和联系，使学生的思维能力、想象力、协同创造精神等综合素质得到提高和锻炼。比如上课之前让学生利用课余时间通过图书馆、网络等媒介查阅相关资料，了解本单元的中心主题；建立学习小组，成员之间互相检查背诵、记忆教材内容或者根据课程内容提前安排小组排练表演并进行课堂展示等；在课堂上鼓励学生积极参与到各项学习、讨论、陈述中。由于学习任务包含有待实现的目标和需要解决的问题，因此会激发学习者对新知识、新信息的渴求。这样，学生通过实施任务和参与活动，就能促进自身知识的重组与构建，摄入新信息并与学习者已有的认知图式进行互动、连接、交融与整合。

在教学中教师应通过模拟真实情境来拓宽教育空间，增强学生的感受性，强化参与意识，从而提高教学效果。传统的课堂教学被局限在教室中进行，现代信息技术的广泛应用使教育空间的拓展成为可能。教师可以在课堂教学中借助多媒体教学设置，为学生创设真实的语言环境或模拟情境，在模拟的情境中完成语言知识的学习和操练，在实践中提升交际能力。传统教学法的弊端之一就是教学法给学生造成一种距离感，形成"你讲我听"的被动状态。而情境教学法由于教师根据教材和心理理论创设了有关情境，鲜活的教学内容，缩短了师生的心理距离，强化了学生积极参与的意识，从而使学生由"要我学"转化为"我要学"。情境教学法强调在英语教学中充分利用生动、形象、逼真的意境，使学生产生身临其境的感觉，利用情境中传递的信息和语言材料，激发学生用英语表达思想感情的欲望，促进学生的语言能力及情感、意志、想象力、创造力等的整体发展。情境教学法的教学实践是以课堂教学为主线，综合运用多种办法创设真实语言情境，营造英语氛围，实践交际。教师可以用图片、模型、实物、简笔画等教具，利用自己的手势、动作、表情等体态及多媒体技术等现代教育技术手段，真实又立体地展现所学语言的背景和使用背景，使教学过程有序化、整体化、形象化、趣味化。同时，教师可以鼓励学生在课后使用视听设备和语言实验室来放映英语电影，收听英语广播、收看电视节目，通过情景、视听教学，让学生把握地道的语音、语调和了解西方的文化背景。情境教学法既能突破传统外语课堂教学的狭隘性、封闭性，拓宽教学空间，又能引起学生的兴趣，唤起学生的参与意识，提高教学质量，对外语课堂教学来说是一种切实可行的教学法。

教学要以重视、发展语言技能和交际能力为主，应采用多种交际功能项目，保证交际的趣味性。在传统课堂教学中，教师倾向于围绕语言知识点，如词义、句意、词汇用法和语法知识等开展问答活动。通常情况下，由于班级人数的限制，只有部分学生能够在课上参与到课堂练习中，但是气氛不活跃、学生怕出错并且缺乏兴趣就无法通过课堂训练把学到的知识加以巩固和深化不足。在这种情况下，教师可以借鉴直接法与交际法，在了解学生的兴趣和经验的基础上，设计出较真实的、贴近生活、能激发学生兴趣的交际话题和项目；也可以介绍关于目的语国家地理、历史、风土人情等文化知识，引导学习者由机械的记忆转向会话的灵活运用，让学生用语言表达他们所要表达的思想，使学习者的大脑一直处于一种激活状态，并乐于参与课堂活动。语言课程的内容不再按简单的句型、词汇、语法来设置，而是根据这些形式表达的意念及他们所实施的交际活动来制定。如将问候、邀请、做客、看病等主题作为主要线索来安排教学内容，不必要求学生语法恰当、用词准确，而是启发学生讨论，让学生开口说，注重听力和口语、重视交际能力的培养，教师要相对宽松地对待学生语言的准确性。课堂教学中避免使用母语，主要采用口语材料作为教学内容进行反复练习，通过趣味性的设计调动学生的参与积极性，并鼓励学生进行模仿，直到养成良好的语言习惯。让学生在轻松和谐的氛围中通过这种形式的口语交际练习，真正地感受到用英语交流的乐趣而非仅仅是掌握了语言知识。

由此可以看出，每种英语教学法自有它产生和存在的条件，在实际教学中教师应该仔细研究各种教学法的特点，熟悉并掌握其中的技巧，不能盲目地推崇某一种教学方法而否定另一种教学方法，应根据教学活动的具体情况综合使用各种教学法。事实证明，没有一种单纯的教学方法是万能的，过多地依赖或推崇某一种教学法的做法往往会在具体的教学实践上产生某种偏差，这不利于外语教学的进一步发展与提高。高校英语教学大纲要求教师不仅要向学生传授语言知识，训练语言技能，还要培养学生运用英语进行交际的综合能力。这一要求是立体的多层次的，而且当前大学生获取知识的渠道多样化，自学能力强，因此在教学中仅仅使用一种教学方式显然是不够的。所以，教师在教学中必须秉着客观、实事求是的态度，结合教学特点、学生的实际情况以及现有的教学资源，选择合理的教学法，从而有效地开展高校英语教学。

（二）高校英语的教学手段

教学手段是构成教学系统的重要要素之一，是为了实现预期的教学目的，教师与学生用来进行教学活动、作用于教学对象的信息的、精神的、物质的和形态的总和。《高校英语课程教学要求》指出，高校英语教学应尽可能地为学生创设自主式学习环境，体现个性化教学，将多样化和立体化引入传统的英语课堂。这些要求对高校英语教学提出了新的挑战。面对外语教学的改革、教学模式的转变、教学方法的创新，高校英语教师需从调整教学观念及教学手段等方面入手，重新审视并合理地运用传统教学手段和现代化教学手段，使教学以更快的速度、更高的效率、最大限度地开发人的学习活力与研究潜能，以保证新形势下高校英语教学的质量。

现代信息技术的应用和普及尤其是多媒体技术和网络技术的结合，为外语教学提供了强大的技术手段，尤其是多媒体外语教学软件的出现给外语教学带来了勃勃生机，在教学中充分利用以多媒体技术为核心的现代教育技术是高校英语教学改革和发展的必然要求。各高校在依据《高校英语课程教学要求》具体要求的基础上，对高校英语教学进行改革。其中，利用多媒体手段进行高校英语教学成为各高校英语改革的主要方向。传统的英语教学模式主要是面对面的单向式课堂教学，以教师的课堂讲授为主，主要教学手段是"教材＋黑板＋录音机"，难以营造出培养学生语言交际能力的真实生动的语言环境，因而难以激发学生的学习热情；而多媒体网络教学以其形象性、生动性、先进性、高效性等特点弥补了传统教学中的不足，成为现代化教学的一种重要手段而被广泛采用。

1. 现代化教学手段的利弊

现代化的多媒体教学手段集声音、图像、视频和文字等媒体为一体，具有形象性、多样性、新颖性、趣味性、直观性、丰富性等特点。它可以根据教学目的、要求和教学内容，创设形象逼真的教学环境、声像同步的教学情景、动静结合的教学图像、生动活泼的教学气氛。它是现代科学技术的发展在教学中的反映，具有直观性强、容量大和智能化的特点。多媒体的应用可以用来设计全新的整体教学过程和交互性、个性化的训练方式，促使教学过程发生根本变化，形成教师、学生、教材和教学方式的新组合，能为语言学习者提供一个良好的视觉、听觉交互式语言环境，起到其他教学手段无法比拟的教学效果。与传统的教学手段相比，多媒体辅助教学有着明显的优势。

现代化教学手段能够帮助创设情景，提高学生的参与度。外语教学的最终目的是把学习者培养成成功的语言交际者和跨文化交际者，而英语语言交际能力和技能的获得必须通过大量的、反复的语言实践，因此，创设真实的情景进行外语教学是十分必要的。多媒体是集图、画、视频、音频与文本于一体的教学手段，它从视觉、听觉与感觉等方面同时刺激神经系统，使学生动脑、动眼、动嘴、动耳、动手，开展积极的思维活动，提高语言交际能力。教师在多媒体教室使用现有的多媒体软件，通过动态过程的演示和模拟情境，将知识以图文并茂的形式展示出来，通过形象逼真、色彩鲜艳的画面、生动有趣的形式充分刺激学生的多种感官，使单调的书本知识形象化、具体化，极大地激发学生学习的兴趣，为学生参与听、说训练创造良好的气氛和环境。同时，学生可以借助计算机，根据各自的喜好选择不同的学习内容，既可听单词、课文的朗读，也可以通过虚拟课堂讨论、角色扮演、游戏培养英语思维能力，有效提高英语的实践能力。

现代化教学手段能够增大课堂信息容量，提高授课效率。课堂教学中引入多媒体课件，可以增加课堂信息量，大幅度降低教师的劳动强度，提高课堂效率。传统课堂教学需要教师写板书、学生记笔记，教师与学生劳动强度都较大，而且讲授不连贯。计算机多媒体技术的发展为教学提供了强大的技术支持，教师可以运用计算机事先准备好授课内容，制作汇集大量的文本、图形、图像、视频、音频资料的课件，就能充分利用课堂时间。多媒体课件包含的信息量大，以其信息和数据表达的多样性，调动学生多种感觉器官参与学习，更增强了学习的趣味性，从而提高授课效率，相比于传统教学而言，在同样的时间里可以呈现更多的信息。因为多媒体教学节约了教师写板书的时间，降低教师的劳动强度，使教师在单位时间内向学生传递更丰富的知识，而且可以有效地压缩课内教学学时，给学生以更多的讨论、小组活动、师生互动的时间。教师也可在课后将课件存放在校园服务器上，供学生随时查阅，这无异于给学生提供了一本完整的课堂笔记，从根本上解决了学生上课时听与记之间的矛盾。

现代化教学手段有利于文化导入，提高学生文化修养。要培养学生的交际能力，就要在进行语言教学的同时进行有目的的文化导入，提高学生的综合文化素养，而多媒体手段使文化知识的引入更加全面和便利。在传统的授课模式中，老师很难在不借助任何辅助工具的情况下，将与文章相关的背景文化知识全面地传递给学生，但是通过多媒体这一容纳大量信息的科技手段，教师可以充分利用多媒体网络信息资源为学生提供视觉、听觉的新感受，为学生了解英语系国家的历史、文化及社会知识提供新途径。教师可以围绕学习主题组织播放各类相关英语电影或贴近时代气息、反映英美人现实生活的介绍片等音像材料来了解英语国家的政治、经济、史地、文学及当代社会概况。通过设置真实、自然的语言交际情景，灵活选用适当的训练方法，鼓励学生进行口头或笔头的言语实践活动，启发学生按照英语国家的交际规范进行沟通。同时，教师可以在课前给学生布置关于文化背景知识的内容作为预习作业，让学生自己通过网络找寻相关的文化信息，并且制作成PPT课件在课堂上展示。这样，学生不仅在课堂上接受了更多的文化导入，课后也完成了相关自主学习，从单一知识灌输的对象转变成积极主动的学习者，很好地发挥主观能动性，对于提高文化修养大有益处。

2. 多媒体教学手段的不足

高校英语教学是一个集多种教学模式和教学手段为一体，以英语语言知识与使用技能、学习策略和跨文化交际为主要内容的教学体系。多媒体教学把各种媒体和教材中的资料都整合到高校英语教学中，对教学中教与学的所有信息进行储藏、加工、传播，优化了高校英语教学信息，同时由网络带来的各种最新的时尚新闻、电影、录像等更加大了语言的输入量，对于提高高校英语教学水平有积极的影响。现代化教学手段虽然是一种先进的教学手段，但是目前它还不能完全代替传统教学活动，因为多媒体教学手段在英语课堂教学中主要是起辅助作用的，而不能本末倒置，在具体的教学实践中，现代教学方式中的问题也逐渐暴露出来。

多媒体课件过于注重形式，忽略教学内容。在多媒体网络教学中，教学课件起着重要的作用，它的优劣直接影响着教学效果。教师对授课内容的"教学内容性"和"渲染修饰性"成分的比例失调，颠倒主次，花费大量精力用于掌握制作技术，而真正用于教学内容准备的内容反而变少，不利于备课。比如部分教师在制作课件过程中过分注重形式，加入过多的图像、动画，结果出现主次不分、杂乱无章的现象，导致学生上课时一味欣赏课件中的图案和动画效果而忽略了老师的讲解和重要的知识点。

多媒体和网络的使用给大多数学生提供了自主学习的机会，锻炼了他们的创造性和主动性，然而在这一过程中，由于缺乏教师监督，学习效果的好坏在很大程度上取决于学习者的积极性，难以保证教学质量。在传统教学中，学生基本能跟着教师完成教学任务，教师对于学生的表现可以实现监控，教师的警示会约束学生走神，教师的暗示会启发学生的联想思维。但是现代教学手段由于强调学生的自主学习，教师的主导监督往往发挥不了作用，学习自主性较差的学生就不能得到较好管理。另外，多媒体课件上的学习内容繁多，学生往往分不清学习的主次和先后顺次，又缺少有效的监督和管理，无法检索自己所需的资源而影响学生的学习。

因此，鉴于我国外语教育的师资配备、教学配套设施的建设和完善程度，单纯凭借现代教学手段是无法保证大学外语教学的顺利开展的。为了提高高校英语的教学质量，在教学中就要将多媒体教学与传统教学相结合，各取所长，充分发挥传统教学手段和现代化教学手段的优势，这样才能取得满意的教学效果。

3. 传统教学手段与现代化教学手段的运用

教学手段是教育者通过教学内容联系教育对象的桥梁，是教学主体与客体交流教育信息的物质基础。教学手段的运用直接影响师生之间信息传递的质量与效果，进而影响教育对象的思维发展。随着现代科学技术的发展，教学实践条件发生了变化，多媒体教学受到越来越多的重视和应用，互联网的普及使得学生获得信息的渠道大大扩展，现代教学手段正在不断压缩传统教学手段的影响力。虽然传统的教学手段在课堂上传授的知识量有限，授课形式较为单一，趣味性不强，但是传统教学手段在高校英语教学中表现出的优势对提高整个高校英语教学水平无疑是有积极促进作用的。因此，针对传统教学手段和多媒体教学手段各自的特点，教师在教学过程中应重新审视如何合理地运用传统教学手段和现代化教学手段，做好两种教学手段的整合，以提高高校英语教学的质量。

传统教学手段主要是借助文字教科书、挂图、教师的大脑等记录、储存教育信息，靠教师口头语言和黑板书面语言等自然声光传输、调节教育信息的教学手段。传统的手写教案不依赖于计算机等多媒体设备而独立存在，只要有粉笔和黑板，教学即可正常进行。在教学中一直遵循以教师为主的原则，教师备课认真，讲课内容丰富，讲课有条理。通过面对面的口授、板书以及师生间眼神的交流，教师容易把握学生的领会程度和课程进度，教师可根据学生的反应随时调整授课方式和内容。学生通过观察教师的表情、动作等形体语言，可以领会老师的用意，从而有助于对知识的消化和吸收，在课堂上师生交互的机会较多。与现代教学手段相比，以"粉笔＋黑板"为标志的传统教学手段虽然过于费时、形式比较单一，但却是在长期教学实践中保留下来的一种传播知识文化的方式。它在加强师生之间的互动关系、调动学生积极思考、通过教师的肢体语言传达给学生直观感受等方面发挥着巨大作用，其特有的教学效果是现代教育技术不可替代的。

现代教学手段以信息处理的高速度、高容量、多媒体和交互性，极大地提高了教学效率，这就从根本上改善了高校英语教学的环境，可以极大地丰富传统的教学手段，二者互相补充、扬长避短就可实现教学手段的优化整合，为英语教学提供新思路，从根本上改善传统教育中存在的问题。

教学的现代化不应该仅仅指教学条件和手段的现代化，还要实现教学观念的更新。"以学生为主体，以教师为主导"是高校英语教学对师生角色的全新界定。教师与学生是教学过程中两个最主要的因素，现代英语教学十分强调师生之间关系的和谐以及教学过程中师生的共同参与和互动。多媒体教学强调充分发挥学生的主体作用，这并不等于教师的主导作用就消失了。教师与学生各自拥有独特的优势并担负着不同的职责，要平衡地发挥好教师的主导作用和学生的主体地位，不能偏重一方。教师的主导作用主要表现在学生学习的开始阶段、中间阶段、结尾阶段，开始阶段对学生学习兴趣的激发，中间阶段对难点的释疑，结尾阶段对学习的概况总结，都离不开教师的积极作用。学生是学习的主体，教师必须为学生全身心学习创造条件。在教学中，教师应合理结合传统教学手段与现代化教学手段的优势，积极建构学生知识体系，并且使学生的眼、耳、口、手等感官都活跃起来，调动学生的学习积极性，激发创造性思维，提高课堂参与度。

无论是传统教学手段还是多媒体教学手段都应注重师生之间的互动交流，在沟通中帮助学生掌握知识、培养能力。在多媒体介入的教学过程中，教师有时会用多媒体屏幕代替黑板板书，用现成的软件和网络下载的内容代替教案，固定在一个屏幕前控制着鼠标播放课件或多媒体资料，而缺乏跟学生直接交流的机会。在这种情况下，教师可以把抽象、单调的学习内容转化成有趣、形象、生动、视听性强的网络课件，通过灵活利用课堂的教授方式，加强师生间的互动沟通，比如讲解关键语言点或遇到学生易犯的错误时，教师可以通过板书形式，采用边写边读边解释的传统教学方法，突出重点，帮助学生加深印象；或者在条件允许的情况下，可以以课堂提问、小组讨论、让学生上台试讲某个知识点的方式加强师生互动，促进学生对知识的理解和掌握。教师通过课堂互动给予学生的思维启发、对教学的重点把握，难点释疑是多媒体无法替代的，因此在教学中要将传统教学手段与多媒体所拥有的生动性、丰富性有机结合,从而更高效地提高教学质量。

在教学中,教师应该在帮助学生掌握知识的基础上灵活掌握教学进度。教师应该正确运用多媒体教学,多媒体辅助教学屏幕交换快,可在短时间内向学生展示大量的教学资料,省去了写板书和擦黑板的时间,教学节奏明显加快,教学内容容量加大,可能会忽视重点与难点的突破。教师站在讲台上,不是为了完成课堂教学任务,而是要"传道、授业、解惑"。但是教师为了保证完成本节教学任务,不能在课堂上花过多时间突出重点,讲透难点,因而影响了教学效果。事实上多媒体辅助教学作为一种现代化的教学手段,是用来提高课堂教学的效率、突破重难点,解决一些传统教学不易解决的问题。无论是传统教学还是多媒体教学,都需要通过学生的课堂反应来了解学生对课堂知识的掌握程度,并且进行必要的重复和举例分析。教师应该正确运用多媒体教学手段,用生动又易于理解的方式完成对于知识难点的讲解,这样既帮助了学生理解、掌握知识点,又提高了课堂学习效率。教师应充分发挥其主导作用,遵循学生的认知规律,掌握好教学节拍,帮助学生消化、理解所讲知识。

多媒体教学作为重要的现代化教学手段在高校英语教学中受到重视并得到较为广泛的应用,但是过分夸大计算机辅助教学的功能,以计算机来完全代替传统教学的教学手段是不现实的,因为多媒体辅助教学手段仅是构成教学环境的一个重要方面,不可取代教学过程中的所有环节。在教学中要根据教学目标、教学内容以及教学对象的特点,有针对性地设计和选取教学手段,将多媒体教学手段与传统的教学手段有机结合,实现优势互补,才能提高高校英语的教学效果和质量,提高高校大学生的英语综合运用能力,为我国的社会发展和经济建设输送高素质的外语人才。

二、高校英语教学策略改革

在现在的英语教学中,教学策略的运用十分关键。运用得当,教学效果能够得到显著的提升;运用不当,教学质量可能大打折扣。因此,现代高校英语教学必须关注教学策略的科学运用。在教学改革的背景下,管理策略、激励策略和话轮转换策略在高校英语中经常被用到,本节就对这几种教学策略进行说明。

（一）管理策略

教学是一个动态的过程，要保证教学的顺利进行，就离不开教师对课堂行为以及活动的管理与控制。所谓课堂管理，是指教师在教学活动中通过协调课堂内各种人际关系，吸引学生积极参与课堂活动，使课堂环境达到最优化的状态，从而实现预定教学目标的过程。管理策略的实施能保证课堂教学活动的顺利进行。

1. 管理策略的作用

（1）通过创设好的课堂环境，促进课堂活动顺利进行。良好的课堂环境能有效完成外在控制向内在控制的转化，使学生形成自律心理机制，进而可以减少产生矛盾与冲突的可能性，并消解许多潜在的矛盾与冲突。而课堂管理就可以创造这样的课堂环境，并能通过良好的课堂环境促进课堂活动顺利地进行。

（2）通过交流与互动，保证课堂活动的有效展开。课堂中的互动主要由人与人之间、人与环境之间的相互作用和相互影响构成。有效的课堂管理可促进师生与生生之间的对话和信息交流。而这种互动又能进一步促进课堂活动充分地展开，进而促进学生知识经验的获得、心智的开启、能力的发展，以及教师课堂教育教学质量的提高。只有实现了人与人之间、人与环境之间的有效交流，才能保证课堂教学不流于形式化。

（3）通过激发课堂活力，促进学生的持久发展。课堂活动对于学生具有个体生命价值，蕴含着巨大的生命活力。只有生命活力在课堂上得到有效挖掘，才能有真正的课堂生活，课堂上人的生长才能真正实现。课堂管理就是要调动各种可能的因素，挖掘课堂的活力，发挥其生长功能，这样课堂的生长就可以为学生的进一步发展奠定基础。

2. 管理策略在高校英语教学中的运用

为了维持教学秩序，提高教学效率，教师可以采用纪律管理策略和时间管理策略对教学加以改进。

（1）纪律管理策略。课堂纪律是维持课堂秩序的手段，教学离不开纪律管理，纪律管理是有效教学的重要保证。课堂管理是指那些能够有效鼓励学生参与课堂学习的话语、行为和活动，而纪律是指评判学生行为是否适当的标准。此外，课堂纪律还具有社会功能，具有内化道德规范、促进学生健康成长的作用。

课堂纪律管理包括纪律维持和违纪处理两个方面。对于听话的学生来说，学生本身具有自控能力，教师的一句警告就可以约束学生的不良行为；对于比较叛逆的学生，只有对他们的违纪行为进行处理才不会影响到他人。可见，矫正学生的问题不是一件容易的事情，因此，教师应该在这些问题还没有出现时采取一定的预防措施，减少此类问题。

①发挥学生的自我管理功能。例如，教师可以组织小组活动，让学生相互监督。

②发挥教师的管理功能。课堂教学多是由教师自己来组织课堂纪律的，因此教师应该根据实际情况采用多样化的课堂纪律管理手段，以维护课堂纪律。

③设计有趣的学习任务。例如，教师可以根据所学内容设计一些游戏活动，激发学生的学习兴趣，促进学生的参与，课堂纪律自然也就得到了保持。

④正确处理课堂管理和教学之间的关系。传统英语教学中，教师将大部分精力放在了教上，对教学管理的重视程度不够，这就导致很多学生人在心不在，无论教师再怎么努力，学生的学习效果依然得不到改善。

（2）时间管理策略。时间管理策略要求教师有效地利用教学时间，使学生最大限度地参与到学习活动中，从而保证教学的高效率。如何有效地做好时间管理，主要从以下几个方面着手。

①教师应该激发学生的学习兴趣，让学生主动参与到学习中，提高学生的学习积极性。

②教师要保持教学活动的流畅性和紧凑性，让学生总是有事可做，不被轻易打断。

③要合理分配时间。课堂的时间主要包括教学时间、投入时间以及学生学习时间。按照课程表的内容，教师应该将这些时间进行合理的分配。

④鼓励学生进行自我管理。

（二）提问策略

1. 提问策略的作用

提问策略作为一种教学行为方式，主要是教师，运用知识通过提问对学生的学习情况进行检查。简单来说，提问策略主要具有如下几个方面的作用。

①激发学生的学习兴趣，调动学生的积极性、主动性。

②刺激学生的参与意识。

③促进学生的思维发展。

④有助于教师分析解释疑难问题。

⑤有助于教师检查某些细节性问题。

⑥有助于教师检查学生对问题的理解和掌握情况。

2. 提问策略在高校英语教学中的运用

（1）提问计划。教师在备课的时候对于提问的问题要做到提前准备，因为即兴提问虽然比较灵活，但是往往会出现语言组织问题或是顺序安排缺乏逻辑性的问题，很难达到预定的教学目标。因此，在课堂教学开始之前，教师应该做好提问准备。这种准备主要包括以下几个方面。

①确定提问目的。开展提问活动之前，首先要确定提问目的。教师在备课时要明确课堂教学中提问应达到的目标，因为课型不同，教学目标不同，提问目标也就不同。同样，如果提问目标发生了变化，问题的类型也就会有所差别，提问的层次也会发生变化，所采用的技巧也会随之发生改变。

②选择提问内容。在课堂教学中，教师提问的侧重会成为学生学习的重要依据，因此教师在选择提问内容时要慎重，不应选择容易提问或不重要的内容进行提问，以免对学生产生误导。

（2）问题设计。问题设计策略是指教师恰当、有效选择问题的方法和技巧，包括如何对问题进行简化、调节、追问、激发思维和增加挑战性等，使问题清楚易懂，更符合学生的特点，利于培养学生的思维能力。在问题设计过程中，教师应该注意以下几点。

①调节。教师所提出的问题要与学生的知识水平和思维能力相符合。

②简化。教师所提问题的语言要简单、清楚，要尽量使用学生熟悉的词汇进行提问。

③讲究趣味性。所设计的问题可以不必太拘泥于教材，对教材内容加以灵活处理，设计贴近学生实际生活又与课文相关的问题，以提高学生的兴趣，引发学生积极讨论。

④以学生为中心。所设计的问题要以学生为中心，充分发挥学生的主体作用，引导学生发现问题、积极思考，培养学生创造性的思维能力。

⑤由浅入深。所设计的问题可从不同角度出发，由浅入深、由易到难，引导学生多方面地进行思考，同时使学生有机会取得成功。

（3）提问控制。提问控制策略是指教师在提问过程中要有意识地调整提问的方式，对教学内容、教学进度起控制的作用。教师在提问时应注意以下几点。

①要将问题镶嵌在教学设计或教案中。

②所设计问题能够吸引学生的关注和参与。

③提出的问题要清晰、简短，切中要害。

④提出问题后要留出一定的时间让学生思考或做好回答的心理准备。

⑤非语言行为如眼神、站姿等应与所提问题协调一致，以启发、鼓励学生。

⑥学生回答不精确或不完整时需要继续提问，不必马上给出明确的答案。

（4）提问评估策略。提问的评估策略指的是教师用于反馈的手段。教师要及时对学生的提问或回答做出应有的评价，这是提问有效进行的重要保证。常用的提问评估方式有以下几种。

①引用。引用是指教师陈述答案或总结时引用学生的语言，它是一种间接的表扬，其效果比口头表扬更好。引用会让学生有认可感、成就感，增加学生的自信心，进而促使学生向更高的目标努力。

②表扬。教师的表扬是对学生能力的一种认可。特别是那些能力相对较差的学生更需要得到教师的表扬，教师的表扬可以唤回他们的自信心，从而帮助他们走向成功。

③鼓励。在英语教学过程中，教师的鼓励对学生具有重要意义。当学生不能回答教师提出的问题或学生的答复不得当时，教师切不可冷言相对，挫伤学生的自尊心，而是应该给予学生适当的鼓励，不断提供暗示，帮助学生分析原因，找出正确答案。

（三）激励策略

激励策略，顾名思义就是能够激发学生学习兴趣，使学生积极参与学习活动的方式方法。显然，激励与动机有着密切关系，激励的目的就是让学生产生学习动机。可以说，用来控制影响动机的因素、激发学习动机的有效教学方式构成了激励策略的内容，如环境、教师的榜样、奖励和惩罚等。激励策略的使用对于高校英语教学质量的提高也起着重要的作用。

1.激励策略的作用

激励策略主要具有如下几个方面的作用。

①有助于激发学生的学习热情与参与意识，使学生积极回答问题，积极参与课堂活动，从而提高学习效率。

②有助于维持学生的学习热情，保证精力的投入。

③有助于学生树立远大的目标，提高英语水平，克服学习中的困难，并在竞争条件下取得好成绩。

2.激励策略在高校英语教学中的运用

（1）兴趣激励策略。兴趣是最好的老师，那么最好的激励策略也就是能够激发学生兴趣的策略。需要指出的是，兴趣是一个非常复杂的心理现象，它的培养不是一朝一夕可以完成的，而需要长时间的积累和引导。心理学上有一个重复定律：任何行为和思维如果不断重复就会得到不断的加强。对于学生而言，每当他取得进步时，教师就给予持续的肯定和鼓励，他就会一直保持学习动力，继续积极主动地学习，长时间下来，学生就会养成这一良好习惯，习惯成自然。

（2）目标激励。在高校英语教学中设立合适的教学目标，可以极大地激发学生的学习动机。因此，教师在具体的教学过程中应给学生提供明确、具体可行的目标，并给予学生指导，将这个目标转化为实际行动，使他们感到学有所获。在教学过程中的目标激励应注意以下几点。

①设立的目标难度要适当。目标过高，学生经过艰苦努力后也很难实现，不但无法激励学生，甚至可能会挫伤学生的学习兴趣、学习信心；目标过低，学生很容易就能实现，对学生来说缺乏挑战性，也就无法有效激励。

②设立的目标应具有层次性和阶段性。目标具有层次性，可以使目标对不同水平的学生都能起到激励作用。目标具有阶段性，可以使学生在实现某一阶段目标后，在循序渐进中不断获得成功的体验，从而增强学生向更高目标进取的信心。

③教师设立目标后必须为这些目标的实现创造条件，引导、帮助学生去实现这个目标。

（3）榜样激励策略。榜样激励是指教师选一些学习态度端正、成绩良好的学生作为全班的榜样，从而激励其他学生向其靠拢，进而使全班形成积极向上、努力拼搏的良好气氛的策略。榜样激励法的实施可以从以下三个方面进行。

①选择成绩优秀、稳定或进步较快的学生，让他们向全班同学介绍学习方法，分享学习心得，从而感染其他学生产生学习的欲望。

②通过向学生介绍中外名人语言学习的经验和事迹来激励学生。

③教师要以身作则，主动提高自身的英语综合素质和教学综合素质，一方面能够给学生更好的指引，另一方面也能为学生树立榜样。

（4）情感激励。高校英语教学过程不仅是学生和教师共同参与的学习知识和技能的教学活动过程，也是特定情境中的人际交往活动。心理学的研究证明：情感对人类行为动力施以直接影响，所以在教学活动中，师生之间的相互作用、情感交流也能达到激励学生学习动机的目的。教师在教学过程中采取情感激励应注意以下几点。

①教师在教学过程中不但要提高自己的教学艺术，让学生得到轻松、愉悦的体验，而且要给学生提供成功的机会，让学生得到成功的快乐体验。

②教师应该尊重和信任学生。学生如果获得教师的尊重、信任，就会把教师的这种情感转化为自己学习的内部力量，以极大的积极性投入学习。

③要对学生抱有期望。教师在自己的一言一行中表现出对学生的信心、期望，学生会从教师对待自己的态度中理解教师的期望，从而更加自信、自强，激发出积极进取的内部动力。

（四）话轮转换策略

课堂教学是个会话的过程，而当前的高校英语课堂限制了学生参与课堂的积极性，因此高校英语教师可以有意识地运用会话分析理论中的话轮和话轮转换策略，以有效地提高学生的课堂参与度，实现课堂中师生的积极互动，从而提高学生的英语交际能力。

1. 话轮与话轮转换

20世纪60年代末到70年代初社会学家萨克斯（Sacks），谢格洛夫和杰弗逊（Schegloff&Jefferson）在研究人类社会交往中创建了会话分析（conversation analysis）理论，提出说话人的话从开始到结束为一个话轮。话轮是会话分析理论中的基本单位。可以由词、词组、从句、句子、句子组合等不同语言单位组成。话轮转换（turn-taking）是会话分析中的核心问题，它研究日常会话中人们如何决定开口讲话的时机，如何依次轮流发言，从而揭示自然会话的语言特征。

在会话过程中，一个说话人最初只被分派给这样的一个单位（话轮）。这个单位的终止就可以变换说话人的位置，叫作"过渡关联位置"（transition - relevance place，TRP）。交际时参与的双方或各方，都知道某个话轮中待结束的句法单位类型是话轮转换之处（即话轮过渡关联位置），支配轮流说话的规则开始起作用。会话过程中，说话人可以自己选择话轮，也可以由前一个说话人指明。当前面的说话人在讲话时，听话者根据句子是否完整及说话人的音高线索来判断是否该结束了。有时，会话参加者互相预测相互的话，并帮对方讲完；有时，在对方未讲完时就说话，就会出现话轮的部分重叠（overlap）。但是不论下一个话轮采取哪种形式开始，会话双方始终是在过渡关联的位置实现话轮转换。

会话的过程实际上就是交际双方不断转换话轮的过程。由于常规高校英语课堂的限制，教师掌握课堂的支配权，学生的积极性受到限制。而目前高校英语的大班授课方式使得学生对课堂的参与度受到严重的影响。因此，在课堂中教师通过有效地运用话轮和话轮转换策略，可以有效提高学生课堂参与度，挖掘学生交际潜能，培养英语交际能力并且有助于改善当前的状况，获得满意的效果。

2.话轮与话轮转换策略在高校英语教学中的运用

（1）开场寒暄话轮和及时结束话轮。开场寒暄，或者叫导入会话，是进入课文学习的一个过渡部分。其看似和上课无关，其实不然。就像两个熟人见面时要打招呼然后再谈正事一样，它是师生之间开展教学活动的良好开端。除了礼节性的客套话，如"Good morning! / Morning! / Hello! / Hi!Let's begin our class!"等之外，还有一些涉及将要学习的课堂内容有关的话题，并且形式多样：课前讨论、个人阐述、对话等，都可以起到 warm-up 的作用。比如，《新视野高校英语》第一册第五单元中的一篇课文是关于与艾滋病抗争（The Battle Against AIDS），可以采用如下开场（下文中 T 均指老师，S 指学生）：

T:Do you know what is the date Dec. lst for?

Ss:En ／ ah… ／ I don't know.

T:It is the AIDS day.

S:Oh, it's approaching, the next Monday.

T:What is AIDS short for?

Sl: AIDS is short for acquired Immune Deficiency syndrome。

T:Right, very good. Then what is the virus that causes AIDS?

S2:1 know, it's called HIV.

T:Then what is the main ways the HIV can be spread?

Ss:Er... ／ mother to children ／ sex ／ blood.

T:Good job. There are three ways through which the HIV can be spread:…So what should we do to prevent AIDS?(stop for several second)Today we will read a text about how a group of people do to spread AIDS information.

当谈话的某一方接受或开始话轮时，应根据上下文的制约和要求尽可能使自己的谈话包含足够的信息量，这是其一；其二，所提供的信息应不超过要求，以防谈话啰唆无意义；其三，说话人应及时而巧妙地结束话轮。因此，课堂中教师要开始一个新的话轮时也应注意这三方面的要求。在上例的开场中，教师通过第一个话轮的问题吸引了学生的兴趣和注意力。接下来使用有层次的问题来启发、引导学生说出更多他们熟悉的关于艾滋病的信息，使话轮得以继续。随着问题难度加大，学生的发言减少，因此教师开始提供足够的信息来完成本次话轮，使学生获得相应的未知信息。在话轮结束的时候，教师使用一个问题和一句过渡语巧妙而简短地结束本次话轮并引起下一个部分。因此，这个开场比较成功地运用了话轮的技巧。

（2）有效利用巧妙的过渡语。根据萨克斯等人的会话理论，对于任一话轮的转换，在说话轮次的分配成分（Turn-Constructional Unit）中，必须有一个交换点，即 TRP 的出现，否则话轮交替就不能正常进行，谈话就不能持续下去。而且在会话中，任何一个想接替话轮的说话者必须去听正在说话的一方说话，找出他可插话的地方（TRP）并试图取得话轮。关联理论把语言交际看作是一种明示推理过程。说话人在其主客观条件范围内给出明示刺激，提供听话人最佳关联信息，而听话人依赖于大脑中一系列动态假设，把这种明示刺激作为最佳关联信息去处理，以最小的认知努力获得最大的语境效果，并以此推导出说话者的交际意图。

教师语言既是教师执行教学计划的工具，又是学生语言输入的一个重要来源，因此它在组织课堂教学和学习者的语言习得过程中起着至关重要的作用。就课堂教学的步骤而言，课堂提问能顺利衔接教学的各个环节：导入新授语言材料，进行控制性与半控制性练习，创设情境引发学生积极思考、整合新旧知识、引导学生输出语言，发展语言运用能力，提高课堂教学质量。如在讲解课文时，可以避免使用传统一贯的"What is the main idea of next paragraph? Or let's move onto the next part!"，而是根据两段文章中有效的关联部分设置问题，将学生的思维自然地带入到下一个部分，让学生融入课文内容与思想。如在讲授《新视野高校英语》第二册第一单元课文 The Expensive Fan-tasy Lord Williams 时，在文章前面的部分是别人对威廉勋爵的评价，他很富有，很乐于帮助村民，那么在接下来的部分开始前，教师可设置问题让学生思考，如"Do you have some doubt about his money? Why is he so rich, in your opinion?"学生的奇思妙想表达后再从课文中知晓答案，让学生积极地参与课堂。

（3）合理分配话轮。在高校英语课堂中，由于受到课堂常规的限制，教师掌握了话轮的支配权，学生的课堂参与从很大程度上受到教师话轮分配技巧的影响，主要技巧包括个人恳请（personal solicitation）、小组恳请（group solicitation）和全体恳请（general solicitation）。我们在教学过程中发现，教师使用单一的话轮分配形式不利于学生获得平等的话轮权，主要表现在话轮的分配过程中形成的教师行为区域使学生参与课堂的机会不平等，但是小组恳请的方式能弥补这些缺陷，使全班同学最大限度地参与学习，实现师生之间的全面互动。

比起个人恳请，在小组恳请中由于教师不再是话轮分配的支配者，学生之间可以自行支配话轮的接替，因此小组恳请能使学习者个体在课堂上有更多的时间和机会参与言语互动，达到使用目的语的目的；比起全体恳请，小组恳请能更好地把话轮分配给每一个学生，使下一个话轮接替者更为具体。由于在小组讨论活动中，课堂上的言语互动不再局限于教师和学生之间，而是扩展到学生与学生之间，言语互动增多，学生们表现出更大的学习积极性，参与度很高。并且在小组恳请过程中，学生之间的言语互动与合作有利于促进学习者达到下一个"最近发展区"。此外，小组活动常通过完成某种任务的形式来进行。在完成任务的过程中，活动参与者之间的交际处于一种互动状态，通过意义共建增进语言习得，在较为真实的语言环境中掌握话轮转换技能，提高学生的交际能力。

课堂话轮分配模式是课堂的指挥棒，对课堂气氛与学生的参与度起着关键的作用。因此教师应尽量掌握话轮的分配模式，根据教学需要调整各种模式分配比例，尽量避免单一和一成不变，把话轮合理地分配给全班。同时要鼓励教师多使用小组恳请，使全班学生最大限度地参与学习，实现师生之间的全面互动。

（4）授予话轮的策略。高校英语课堂由于受中国特殊的社会环境、传统文化观念影响而形成一种现象：学生习惯于认真听讲而不参与或提问，或先举手后发言等课堂常规的限制，话轮的支配权——主动权主要在教师手上，教师的话语占用大部分的课堂时间，学生不能像自然会话那样通过自由竞争获得话论进行话论替换，而是由教师或课堂规则来授予。为了使我们的课堂更能适应高校英语教学的要求，培养学生的实际交际能力，教师必须要掌握以下授予话轮的策略。

说话人的发言权受前面话轮的指配。指配的方式有两种：一是当场接受分配，即受前面话轮指定；另一种是根据预先规定的程序发言，如根据座号、学号顺序发言。这种程序可能是在课堂活动开始前就规定好的，但在轮到时可予提醒，如"John, I think it's your turn now."在有些课堂活动中，当场受配和预先受配可交叉进行。例如：

T:Can you introduce yourself to each other?

S1:I'm Tao.

S2:My name is Yao zhigang.

S3:My name is Zhang Ping.

在上例中学生不约而同围着桌子顺时针方向自我介绍，它属于预先受配的话轮替换方式。

非受配这类话轮的发言权既不是当场指定，也不是预先指定的，通常是对前面的诱发所做的反应。这类话轮明显是属于自选的，不过其内容已由前面的话轮确定。例如：

T:Why did he leave his homeland?

S:For political reasons.

T:Yes, for political reasons.

在课堂交流中，教师通过指定下轮话语的内容来确定发言对象也是常用的授予话轮的方法。教师指定下轮话语的内容旨在诱发学生进入话轮，这种诱发可以是语言性的，也可以是行为性的。通常语言性诱发带有更强的交际性，更接近自然会话。

例如：

T:What do you think is the moral of the fable?

S:The moral is that it's easier said than done.

此例是一个询问—回答毗邻双部结构（adjacency pair），这个双部结构的第一部分（first pair part）指定了下轮话语的内容，诱发学生做出回答，进入会话。有时诱发常常导致同时发出许多未经指定的自选话轮，这显然有碍理解，这时也可以用以下方法来解决。

①提名发言对象、指定发言内容。例如：

T:Linda, will you please tell us the difference between simile and metaphor?

S:OK, let me try.

此例中，教师通过毗邻双部结构中的询问—回答以及指定话轮内容来授予学生话轮。教师在通过这一策略授予话轮时还可以采用下列常用套语直接指明发言对象来授予话轮。例如：

Don't you agree, John?

What do you think, John?

You have been very quiet, John.

John, I think it's your turn now.

What's your opinion, John?

②通过面部表情、身势语，如手势、下额、手臂、目光提示等指向性姿态来授予话轮。

例如：

T:What is the most common way that you use to keep in touch with somebody?

S：(Standing up)

T:OK, you please.(Teacher points to a student)

S:By sending message with mobile phone.

③通过教给学生各种话轮类型以及话轮转换时惯用的词语或句法结构来授予学生话轮。库克（Cook）将有关话轮转换的惯用表达方式归纳如下。

开始话轮：Hello there ／ Hi ／ How are you?

接续话轮：Yes but/ Well yes but/ Surely.

把持话轮：Er，um/ Anyway/ You know/I mean/ Sort of.

施与话轮：What do you think?

结束话轮：Right/ Well any way/ So/ OK then.

预示语列：Listen ／ Did I tell you about it/ Oh．I want to ask you．

修正话轮：自我修正：What I meant was…

他人修正：Sorry，I don't quite get what you mean.

要旨话轮：自己的：What I'm getting at is.

他人的：What are you getting at.

以上库克对于话轮转换惯用表达方式的归类给学生提供了一个组织语言材料的框架，学生熟悉各种表达方式之后就可以准确地获得话轮，进行话轮替换。

（5）恰当处理学生的反馈项目。反馈项目是指听话者对当前说话者的话语做出的反应和态度，表示自己在聆听并支持对方继续发话。反馈项目在会话中虽说信息量不是很大，但能起到配合作用，有利于主话轮的展开。在课堂英语口语交流中，如果学生不适时地做出反馈或交流中缺少了反馈项目，说话者就无法知道他所传递的信息是否被接受，会话很难进行下去。由此可见，课堂交流中听话者如能掌握好适时发出反馈项目的策略将有利于话轮替换的顺利进行。反馈项目有以下几种。

①非词汇性反馈项目。例如，oh，aha，uhm，m-hm 等，它们表示"我在听呢""继续说吧"等意思。

②词汇性和习语性反馈项目。例如，that's right，I see，I know，OK，yeah，fine，good 等，它们表示"你说得对""我知道了""我明白了""你说的和我的一样"等。

③感叹词性和感叹词语反馈项目。例如，God，Oh dear，what，really is it 等，主要表示"天啊""原来这样啊""你说的我怎么不知道"等意思。

④非言语性反馈项目。主要指身势语，如目光注视、点头等。

在英语课堂上，教师主要以"提问"的方式使学生参与到课堂会话中来。从表面看，提问似乎很简单,然而对于提问的时机、对象以及对回答的反馈却不是那么容易把握的。当课堂上发出的邀请话轮没有反馈时,教师首先应重复问题或者对问题进行解释,诱发反馈话轮。如果诱发不成功,当教师注意到有潜在的反馈话轮对象时,可以用鼓励的态度指定反馈话轮的发言者。当没有潜在的反馈话轮时,学生群体以沉默的方式放弃反馈话题时,教师可以用自答的方式结束话轮,接着及时变换一个新话题,诱导学生参与。教师为了给予反馈意见而开始新的话轮,如果是讲缺点,应避免用学生的错误作为笑料或者指责学生。教师应注意措辞,不能伤害到学生的"面子","面子"不是指虚荣,而是个人对获得他人尊重的内心需求。

(6)及时进行修正调整。修正是指会话中双方力图纠正谈话中出现的听不懂,表达有障碍或表达有误等现象。修正有自我修正和他人修正两种。自我修正指说话者修正自己表达中的错误;他人修正主要是指在交谈中通过插话的方式帮助他人纠正表达错误,澄清和督促等。例如:

A:We are going to have a picnic tomorrow.

B: Picnic?

A:Picnic, you know, means to have dinner outside.

例句中 A 在 B 要求澄清的情况下做了自我修正,确保了话轮替换的顺利进行。

在功能层面上,谢格洛夫将同话轮修正分为四类:重复、替换、添加插入和重构(沈蔚,2005)。在会话中假若涉及多个话轮,修正则发挥一种协商的功能。正是在这种不断地发现和修正问题的过程中,交谈双方才能达成共识,使交际过程顺利完成。如果不能有效修正,则可能出现交际失败的结果。在英语课堂的交际过程中,当遇到沟通问题时,师生们应在自己的话轮里及时修正。如老师在讲解时发现同学的反应不佳,应及时采取措施,改变表达形式来引起同学的注意和兴趣。如果是由于学生英语水平所限,教师应使用简单的英语进行沟通,或者采用语码混用的方式,适时添加汉语。如果发现问题不及时修正,学生不理解的现象会恶性循环,不仅造成时间的浪费,也从一方面反映出师生间缺乏直接流畅的沟通。

在外语课堂交流中,学生往往在听不懂时不知如何提醒对方进行修正,自己表达有误时也不善于自我修正,因此会话常常陷入沉默和慌乱中,继而被迫中止话轮。其实,修正话轮是非常典型的教学语言,教师应多注意这方面对学生的训练。在碰到学生不合规范的话、无意误用的语言或发生误解时,要学会及时修正调整。例如:

S:I go to see my grandma tomorrow.

T:Good, You will go to see your grandma tomorrow,

T:Oh，yes，I will go to see my grandma tomorrow.

此例中教师用修正话轮"You will go to see your grandma tomorrow."表示对学生的动词将来时态的使用进行修正，使学生的语言得到及时的修正，但并未改变学生的发言内容，也没有夺去原话轮的发言权，因此修正不像负反馈那样试图索取或缩短原话轮的发言权。教师在外语课堂交流中应善于使用修正话轮，灵活运用这一技巧。

总体而言，传统的一言堂式或被称为以教师为中心的高校英语课堂授课方式违背了语言作为人们相互间交流思想的工具这一根本认识，通过话轮转换可有效地解决这一弊端。教师通过采用各种策略手段促进课堂话轮的更替，鼓励、帮助和指导学生积极参与交际，进而可以引导学生熟悉、掌握话轮更替的特点以及各种语用策略，加深他们对英语课堂交际中话轮特征和规律的认识，从而提高学生的英语会话交际能力。因此，教师必须转变传统教学观念，将话轮和话轮转换策略积极有效地运用到课堂交流中，使得高校英语课堂变成真正的师生积极互动的语言交际场所。

第三节　高校英语教学模式改革

英语教学的主要目的是使学习者能够熟练使用语言，从而达到交际的目的，为社会输送更多的英语人才。在社会环境与国际环境变化的形势下，对高校英语教学模式进行改革成为提高英语人才素质的重要方式。本章对分级教学模式、模块教学模式、研究性学习教学模式、网络教学模式进行分析，探讨英语教学模式改革的相关部题。

一、分级教学模式

所谓"分级教学模式"指的是以学习者的学习水平和学习潜能为标准，将学习者划分为不同的层次，并在此基础上开展相应的教学活动。因此，分级教学模式体现了因材施教的教学理念，其最终目的是让不同层次的学习者在自己的起点上取得进步。

（一）分级教学模式的理论

分级教学模式是教学者根据科学的教学理论开发出来的，主要包括 i+1 语言输入假设理论、学习迁移理论、掌握学习理论。下面对这些理论进行论述。

1. i+1 语言输入假设理论

分级教学模式以克拉申的 i+1 语言输入假设理论为重要的理论依据。这个理论对分级教学模式的影响主要表现在以下两个方面。

（1）从课程理论角度来看，i+1 理论不仅注重知识的获得，更注重学习者获得知识的途径。具体来说，i+1 理论强调学习应采取循序渐进的步骤、方法和过程，这正是分级教学的精髓。

（2）从教学实践来看，分级教学根据学习者在性格、动机、态度、认知风格、语言技能等方面的差异来确立不同的教学目标、要求与方法，符合 i+1 理论的要求（杜秀莲，2011）。

2. 学习迁移理论

学习迁移指的是已学得的学习经验对如今学习的影响，一般包括两种影响。当之前的学习经验对学习起到促进作用时，便是正迁移；起到抑制或干扰作用时，则属于负迁移。

奥苏伯尔的认知结构迁移理论认为，学习者头脑内的知识结构就是认知结构。当学习者对新知识进行同化时，其原有认知结构在内容与组织方面的特征就是认知结构变量。奥苏伯尔提出了影响新的学习与保持的三个认知结构变量，通过操纵与改变这三个认知结构变量可以进行新的学习与迁移。以奥苏伯尔的认知迁移理论为基础，把对原有知识掌握水平相当的学习者安排在一起组织教学，即采取分级教学模式，能够促进学习的正迁移，取得较好的教学效果。

3. 掌握学习理论

美国心理学家布鲁姆（B.S.Bloom）的掌握学习理论认为，学习者成绩不理想不是因为学习者的智慧欠缺，而是由于欠缺完备的设施与合理的帮助。当具备适当、合理的学习条件时，绝大部分学习者的学习能力、速度与动机等都会变得十分相似。因此，采取分级教学模式可为不同潜质的学习者提供多样化、个性化的教学手段，从而尽可能地将学习者潜能挖掘出来。

（二）分级教学模式的原则

分级教学模式在具体实施之中需要遵循一定的原则，主要包括循序渐进原则和因材施教原则。

1. 循序渐进原则

循序渐进源自宋朝朱熹的《朱子大全·读书之要》。朱熹在总结自己的读书方法时提出，"循序而渐进，熟读而精思"，"未得乎前，则不敢求其后，未通乎此，则不敢志乎彼"。

遵循循序渐进原则，就是指教师在传授知识时既要尊重知识的内在规律，又要采取相应程度的学习者可以接受的教学形式。分级教学模式使教师得以在学习者英语知识体系的基础上进行教学，采取适合他们的教学方法，从而使学习者逐步提高语言技能。

2. 因材施教原则

孔子曾提出"柴也愚，参也鲁，师也辟，由也喭"。朱熹将其概括为"孔子教人，各因其材"，由此产生了因材施教的说法。所谓因材施教，是指教师要从学习者的实际出发，有的放矢地进行教育。

由于环境、教育、学习者本身的实践等方面的不同，学习者之间必然存在一定的差异性。近年来，随着扩招政策的推进，越来越多的学习者得以接受高等教育，但不同学习者在英语水平方面的差异却不容忽视。在这种情况下，如果不对这种差异性进行充分考虑就把英语水平悬殊的学习者安排在同一班级，很容易出现程度差的学习者"吃不消"、程度好的学习者"吃不饱"的尴尬局面，进而造成教学资源的巨大浪费。而分级教学模式承认学习者之间的个体差异，可以为学习者提供满足其自身需要的教学条件，从而取得理想的教学效果。

（三）分级教学模式的实施

分级教学模式的实施可以从以下几个方面着手。

1. 合理科学进行分级

分级教学不要求全体学习者达到同一目标，而是按照不同的级别制订不同的教学目标。因此，进行合理、科学的分级是分级教学模式取得实效的前提。

为此，应采取科学的分级试题和分级标准。具体来说，应以《高校英语课程教学要求》中的各级词汇量为基础来组织分级试题，同时应注意题目的层次性。分级标准则应对分级测试结果、个人实际水平、个人意愿等因素进行综合考虑。

在具体的教学实践中，将学习者分为 A 级与 B 级两个级别较为合理。此外，为缓解 B 级班学习者的心理压力，调动他们积极的学习情感，可利用周末时间为他们补课。这样，B 级班学习者可以尽快达到 A 级班学习者的水平，从而在同一起跑线上竞争。

2. 提高分级区分程度

高考英语成绩与摸底考试成绩是很多院校进行分级的标准。但是，常常有一些学习者因为几分之差甚至一分之差而没能进入 A 级班，而这几分之差往往很难说明英语水平的高低。因此，为了提高分级的区分度与合理性，可在分级时听取学习者本人的意见，进行双向选择。学习者往往对自己的实际英语水平与兴趣点有较好的把握，他们由被动接受转为主动选择可以提高主体地位，提高他们在后续学习过程中的自觉性与积极性。

3. 实施升降调整机制

实施升降级调整机制，就是对学习者的学习程度进行动态管理，使学习者的级别随学习的兴趣、成绩以及能力的变化而变化。具体来说，B 级班的学习者取得进步，达到 A 级班水平时，教师可将其升入 A 级班，以激励学习者取得更大的进步。A 级班的学习者未能取得进步，且成绩滑落到 B 级班程度时，教师也可将其降入 B 级班，以给予其适当压力。

需要注意的是,进行升降级的调整应坚持选拔与自愿相结合的原则,且应在一定范围内定期调整,不可过于频繁。

4.制定科学评价标准

在分级教学模式下,不同级别应采用不同难度的试卷,这就很容易造成一种不良现象,即英语水平高的学习者所取得的英语成绩竟然低于部分水平低的学习者。因此,为提高评价的科学性,可采取以下两种措施。

(1)采取总结性评价与形成性评价相结合的方式来确定最终成绩,具体办法是增加平时表现在总评成绩中的比重。

(2)根据各级别试卷的难度设定一个科学的系数,通过加权算法从宏观上调整两个级别的分数。

5.尽量避免负面影响

任何事物都是优势与缺陷的集合体,分级教学模式也不例外。作为英语教学改革中的新生事物,分级教学模式不可避免会带来一些负面影响,如操作过程较为复杂、考勤管理较为烦琐、学习者产生不良情绪、班级归属感降低等。这些问题不及时解决,会对分级教学模式的推进带来阻碍。因此,教育管理者需要制定相应的制度规范并根据遇到的问题及时调整,从而将分级教学模式的不良影响控制在最小范围,将其优势最大限度地发挥出来。

二、模块教学模式

模块教学模式是高校英语教学改革的重要组成部分。这是一种系统性的教学模式,以高校英语教学为系统,将其分为知识、技能、拓展三大模块,并在不同的学期中进行有针对性教学,从而最终提高学生的综合语言应用能力。

(一)模块教学模式的定义

随着英语教学改革的推进,英语教学系统发生了重大的改变。英语教学向着能力化、技能化、多样化、信息化的方向发展。英语模块教学模式就是在这种转变中被提出的,因此其在一定程度上反映了时代发展对高校英语教学的要求。

所谓模块教学,指的是通过一个能力和素质的教育专题,在教法上强调知能一体,在学法上强调知行一致。模块教学模式主张提高学生的素质和具体技能,教学中通过集中开展理论、技能、实践等活动来实现教学目标。

高校英语模块教学能够丰富英语课程，实现课程的多样化。同时对于学生来说，模块化的教学形式通过形式丰富的课程，便于提高学生对英语学习的兴趣，调动其学习的积极性。随着现代科学技术的发展，英语教学课程的固定化越难越适应社会形势。采用模块教学，也能在一定程度上使英语教学贴近时代发展，增强人才培养的时代性。

（二）模块教学模式的展开

对《高校英语课程教学要求》进行分析可以看出，其对于英语水平的划分提出了不同的能力要求。在这种多层次的要求下，高校英语很难通过一整套教学实现人才的全方位培养。英语模块教学模式主张在一定时期内对学生进行阶段性目标的培养。这种观点正好迎合了教学要求。

由于模块教学模式是对整个教学系统的管理，因此其在实施过程中需要教学工作者进行科学设计。学者李晓梅、罗桂保对高校英语模块教学中的模块分类进行了划分，如表3-1所示。

表3-1　高校英语模块教学中的模块分类

基本分类	更细的模块分类
知识模块	语音模块
	词汇模块
	语法模块
技能模块	听说模块
	阅读模块
	写作模块
	翻译模块
拓展模块	各门外语类选修课
	第二课堂活动

下面以拓展模块为例，对模块教学模式进行分析。拓展模块主要是对学生的能力进行拓展，因此可以开展丰富多样的课程。具体可以包含以下几个方面。

模块1：开设应用专业型英语后续课程，如时事新闻、商务英语、旅游英语、经济英语、法律英语、商务信函写作、实用英语写作等。

模块2：开设实用技能型英语后续课程，包括日常口语提高、高级口语、听力提高、演讲、视听说、高级写作等。

模块3：开设跨文化知识型英语后续课程，介绍西方各国文化、常识、思维方式、价值观、民俗、礼仪、历史、教育、宗教；对比传授中西文化、跨文化研究等。

模块4：开设欣赏型课程，内容包括欣赏电影、音乐、神话、小说、诗歌、散文、演说等。

模块5：开设综合考试型课程，包括继续通用英语的深入学习、考研英语、雅思等各类出国考试的培训。

上述模块依据学生和社会的需求，以语言实践为目的，实现提高学生的实际应用英语能力、语言能力和文化修养、专业信息获取能力、语言表达能力，从而适应社会需求。这样的拓展模块设计，细化了学生对高校英语教学的需求，在整体上建立和完善了与传统高校英语教学体系完全不同的高校英语拓展模块体系。

三、研究性学习教学模式

教育部高等教育司2007年颁布的《高校英语课程教学要求》明确指出："教学模式改革的目的之一是促进学生个性化学习方式的形成和学生自主学习能力的发展。"因此，在高校英语教学中充分利用网络资源，开展研究性学习，恰好与高校英语教学改革的总体要求相吻合。高校英语研究性学习是当前高校英语教学改革的大趋势，是培养创新人才的有效途径。它目前在很多大学得到推广和实施，并取得很好的教学效果。这里就重点介绍研究性学习教学模式。

（一）研究性学习及其教学模式的定义

20世纪五六十年代，美国芝加哥大学约瑟夫·施瓦布（Joseph.J. Schwab）教授在《作为探究的科学教学》的演讲中首先提出了研究性学习的概念。施瓦布认为学生的学习过程与科学家的研究过程在本质上带有相似性。因此，学生应该在日常学习过程中努力发现问题、解决问题，以期获得知识，提高自身的语言能力与研究技能。上述观点在20世纪80年代的国际教育界得到了广泛的关注。

关于研究性学习的含义，很多学者都给出了自己的看法。例如，钟启泉认为，研究性学习是学生在教师指导下，从学生生活和社会生活中选择和确定研究专题，主动地获取知识、应用知识、解决问题的学习活动。叶平、姜瑛俐认为，研究性学习教学，顾名思义就是学生在教师的指导下，以类似研究的方式进行学习，从而发挥主观能动性，进行知识的获得与吸收。这种教学模式的本质是让学生在"再次发现"和"重新组合"知识的过程中进行学习。我们认为，研究性学习基于建构主义心理学和发现说，是一种以学生为中心，以自主学习为主要路径，以能力培养为价值取向，重视探索、研究、发现等学习实践过程的开放式教学和学习方式。

总体来说，对于研究性学习的定义，学术界存在以下两种观点。

（1）研究性学习是在开放的教学环境中，以培养学生研究式学习方式为目标的定向培养课程。在研究性学习教学中，教师需要使学生了解不同的研究方法，从而提高学生的研究技能与学习能力。

（2）从狭义上讲，研究性学习是相对于传统的接受性学习而言的，其通过使用探究性学习和教学方法来提高学习者的学习能力。

研究性学习以自主性、探索性、开放性以及创造性为特点，通过学生亲身实践获取直接经验，养成科学精神和科学态度，掌握基本科学方法，提高综合运用所学知识解决实际问题的能力。和传统的英语教学模式不同，在研究性学习教学模式中，学生是学习的主体，是知识的主动建构者，教师是教学活动的组织者、引导者和促进者。在这种教学模式下，师生关系能够得到和谐的发展，师生通过主动的积极建构进行知识的学习。

总而言之，研究性学习教学模式，是指在创新性教育观念的指导下，以建构主义心理学和发现说为理论基础，坚持以学生为中心，以自主学习为主要路径，以能力培养为价值取向，重视探索、研究、发现等学习实践过程。

（二）研究性学习教学模式的意义

研究性学习教学模式是一种新的知识观、教学观，是高校英语教学改革的重要模式之一。研究性学习教学模式主张学生的平等参与，对学生进行能力教育，同时其学习方式向着深度学习转变，使学生真正成为学习的参与者。下面对研究性学习教学模式的意义进行总结。

（1）研究性学习教学模式能够进行知识观的建立。传统的英语学习是一种旁观性的学习，学生对知识的吸收主要通过被动的记忆与课堂教学。研究性学习教学展开的前提是对学生知识观进行改变，从而建立一种新型的主动的知识观。在研究性学习教学中，学生能够真正有效地参与课堂活动，从而将课堂知识内化为"个人知识"。在这种模式下，学生的参与意识得到激发，会在学习中注入自己的热情、经验、品位等。

（2）研究性学习教学模式能够建立一种新的课程观。传统的高校英语教学主要受知识课程观的影响，教学中将关注点放于教学目标与结果的完成上，致使英语课程带有控制性与封闭性。而研究性学习教学模式则以能力课程观为指导，在教师的引导下，学生能够根据自己的兴趣爱好进行不同的课题研究，从中培养自主学习能力、独立创新能力。

研究性学习教学模式的能力课程观尊重并鼓励学生的个性化，主张在开放的教学环境开展活动，反对在教学中过多渗透成人的经验与文化，而以学生的经验为核心进行教学的展开与实践。学生角色的转变能够使学生对学习进行批评与反省，从而对知识进行重新理解与吸收。

（3）研究性学习教学模式能够建立一种新的教学观。研究性学习教学主张对学生世界观、学习观和知识观的重新建构，通过在情景中展开教学，提高学生的主动性与社会性。这种教学模式以理解现实世界为目的，是一种应用性很强的教学形式。

在研究性学习教学中，教师通过探究的方式进行教学的组织与知识的传授。师生之间是一种平等、互助的关系。教师通过对教学的引导能够开发学生不同的特质，从而形成个性化的教学。

（三）研究性学习教学模式的展开

研究性学习教学倡导以开放的教学环境为依托，以学生能力的提高为目标展开教学活动。因此其教学关键是对学生的实践能力与创造能力进行培养与提高。这种教学模式要求打破传统英语教学的束缚，关注学生的学习潜力与个性特点，从而使学生成长为拥有独立学习意识与自主钻研能力的学习者。通过对研究性学习教学模式的总体论述，下面对教学展开的几个重要方面进行总结。

（1）创设适合教学的问题情境。研究性学习教学模式主张对学生学习积极性和主动性的开发，因此在教学过程中创设一定的问题情境十分必要。

适合教学的问题情境要能够引起学习者的求知欲望，通过将教学内容与求知心理的结合，让学生主动将自己代入到学习中。同时在这种教学模式下，学习者能够清楚地了解教学目标，因此其研究的欲望就能得到激发。教师在设计教学问题的过程中，需要考虑到问题的趣味性、挑战性，并结合学生的年龄特点进行开放性和实践性的教学。

（2）注意独立研究与合作交流的结合。研究性学习教学模式主张学生独立思维的培养，因此教学过程中学生能够根据自己的经验对教学内容中的问题进行研究与发现。这种独立研究能够动用学习者的思维，是其主动建构知识的过程。这个过程和传统英语教学中被动的知识接受不同，能够使学习者感受到获得知识的喜悦，从而加强学生的自主意识和独立研究能力。

在研究性学习教学模式中，还需要让学生在独立研究的基础上进行同学间或班级内的合作交流活动。在这种交流活动中，学习者能够展示自己的思维过程与研究方式，并吸收同学们研究的优秀之处。在交流与融合的过程中，学生的合作意识与语言运用能力都会得到提高，同时对班级凝聚力的形成也大有裨益。

（3）教师在研究性学习教学中的作用。在研究性学习教学模式中，教师的角色得到了改变，成为教学的指导者与促进者。相比传统的教学，这种开放性的教学环境对教师的要求有所提高。

研究性学习教学模式是一种新兴的英语教学形式，因此学习者很难在最开始完全适应，同时也不能领会到这种教学的目的与意义。而在这个过程中，教师对学生的引导十分重要。教师需要保证一定的教学效果，同时还不能过分干预学生主体性的发挥，因此这对于教师能力是重大的考验。

为了提高研究性学习教学模式的效果，教师可以利用一些新兴的英语教学手段开展教学工作。例如，通过多媒体、网络进行教学内容的展示，引起学生对其研究的兴趣。在学生研究的过程中，教师可以从中引导，并教授学生常见的研究方法。在学习结束后，教师还需要对此次教学的目的、研究内容、研究意义进行总结，从而使学生的学习主人翁意识得到增强。

（四）研究性学习教学模式在英语教学中的应用

高校英语教学是学生提升语言能力的关键一环，在这个过程中使用研究性学习教学模式能够提高学生语言运用的能力，为其以后走入社会进行语言交际打下良好的基础。

研究性学习教学模式是一种开放型的教学，在英语的不同学科中都能得到广泛应用。

（1）高校英语视听说课中研究性学习教学模式的应用。在传统的英语试听说课中，学生主动学习的热情不高，因此教学效果不理想。众多学者主张将研究性学习教学模式应用到英语视听说教学过程中，初步构建以"策略引导—多元互动—立体化"为特色的高校英语"研究性学习"视听说教学模式。通过该教学模式的分析，可以看出其教学的展开以学生为中心，教师在教学中起到引导作用。同时教学突破了课堂教学的限制，延伸到了课外，大大扩展了学生的学习范围。

（2）高校英语语法课中研究性学习教学模式的应用。语法是一种规则性知识，因此，对其教学相对枯燥，需要学生进行记忆。因此，在教学中提高学生的学习兴趣与学习主动性，成为提高教学质量的重要途径。在高校英语语法课中，教师可以采用原因探究的形式进行教学。这种教学方式是半控制教学，可以通过以下几个步骤展开。

①教师创设需要解释的语法情景。

②对教学活动任务进行解释说明，要求学生在后续练习中使用要学习的语法项目。

③教师提示不同的语法情况。

④学生根据自己的想象与语言基础进行解释。

这种研究性学习教学能够调动学生的积极性与想象力，对其语言使用能力的提高也大有裨益。

（3）高校英语词汇课中研究性学习教学模式的应用。英语词汇具有一词多义的特点，在教学中无法穷尽每个词汇的含义，因此进行研究性词汇教学能够使学生自主探索词汇的含义与用法。这种方式在增加教学趣味性的同时，对学生词汇量的提高也有重要的作用。

研究性学习教学模式对高校英语教学有着重要的指导作用，教学者可以根据具体的教学实际与学生的特点展开有针对性的教学工作。

四、网络教学模式

随着计算机网络技术在高校英语教学中应用的不断深入和扩展，网络教学模式在具体操作的过程中积累了各种经验和教训，而这些都促进了对网络外语教学理论和实践的深入探讨和研究，从而有助于解决当前实践中的问题，也为今后的发展指明了方向。

（一）网络教学模式的定义

网络教学模式是在一定的教学思想和教学理论的指导下，依托计算机网络技术，为实现一定的教学目标而构建起来的较为稳定的教学结构框架和教学方式。

（二）网络教学模式的理论

任何教学模式的建构必须依据一定的教学理念和理论，教学理念和教学理论是网络教学模式的灵魂，也是构建网络教学模式的基石所在。总体上说，网络教学模式主要以语言监控理论和建构主义理论为依托展开教学。

（1）语言监控理论。随着网络技术和资源辅助英语学习的趋向越来越明显，研究者们纷纷从不同角度来研究和探讨网络技术对外语学习辅助作用的理论基础，其中克拉申的第二语言习得理论中的语言监控理论是研究使用网络技术辅助外语学习必须依据的原理之一。

语言监控理论认为，在第二语言习得中，习得比学习更重要。为了习得语言，必须具备两个条件：一是能够理解的语言材料应该是"i+1"，即学习者在现有语言水平的基础上略提高一步的输入，且输入应该能被学习者所理解；二是心理障碍应该小，这样才能使输入易于吸收。

克拉申的第二语言习得理论中的语言监控理论所强调的输入语、习得、降低情感障碍的思想对于第二语言习得研究有很大的启发作用。因此，把克拉申的语言监控理论运用于高校英语网络教学，探讨语言监控理论与高校英语网络教学之间的关系，以及基于此理论指导下的网络教学模式应该怎样进行是非常有必要的。

（2）建构主义理论。建构主义理论是20世纪60年代瑞士学者皮亚杰（J. Piaget）提出的。他认为人通过一定的刺激能够激发一定的认知结构，从而获得信息。随着这个理论的盛行，人们对教学的观点有所改观。建构主义认为知识是主观的，是通过自主建构意义而产生的，教师的责任是帮助学生有效建构对知识的理解，鼓励创新思维。这个观点对于网络教学模式的展开有着重要的指导意义。

总之，教学理念和教学理论是网络教学模式的灵魂，也是构建网络教学模式的基石所在。但历史发展的实践过程和逻辑论证都表明，没有哪一种教学理念或理论是完全正确的，每种理论都有优点和不足，因而都有其适用的领域。因此，我们在确定网络教学模式的理论指导之前，首先要正确理解各种思想理论的优点和不足以及适用的教学环境，包含教学对象、教学目标、教学内容、时间和经济预算等因素，然后根据自身的教学条件做出合理的选择。

（三）网络教学模式的分类及其实施

基于不同的分类标准出现了不同的网络教学模式分类。每一种分类都有其依据和特点，这里以网络外语教学模式的教育学基础作为出发点，参考我国教育技术专家祝智庭教授（2001）提出的信息技术环境下的教学模式类型，探讨网络外语教学的模式分类。

1. 网络自主接受模式

网络自主接受模式一般由三种要素构成：①学习者个体；②学习内容，指网络课件，通过网络传输的、由计算机作为媒介呈现的图文声像等语言材料内容；③学习指导者，指计算机和教师。

网络自主接受模式所传递的主要是客观类的知识和技能，训练以选择、填空、拖动配对等具有明确答案的试题形式为主。通过设定计算机的识别和反馈程序，可以自动批改和矫正学习者的错误并提供解答。另外，还可以设定计算机程序使之自动探测学习者的学习背景和学习风格等，然后提供适合的学习材料和学习路径等，这里我们可以把计算机称为智能导师，因为它实际上扮演了教师的角色。而对于学习者在学习过程中遇到的各种问题，尤其是一些个性化的难题，以及人际情感沟通方面的需要，教师则需要通过网络交流工具如学习论坛来帮助学习者解决问题。

2. 网络自主探索模式

网络自主探索模式的一般构成要素有：①学习者个人；②任务／问题；③参考资源；④教学指导者。

在这一模式中，学习的主要目标是提升学生的语言应用能力，而不是学习语法、词汇等客观确凿的语言知识，因此一般以完成某一具体完整的语言任务或针对某些问题阐明自己的观点作为学习的主要内容，如翻译某段文学作品或独立观看某段原版影片后写出影评等。在整个学习过程中学生会得到必要的提示和指引，一方面学生自己可以参阅网络资源或图书列表，另一方面教师会通过电子邮件、论坛等交流工具检查并督促学习者的进度，指导学生解决遇到的问题，并给予必要的评价和总结。

3. 网络集体传递模式

网络集体传递模式的一般构成要素是：①学习者群体；②学习资源；③教学指导者。

这一模式一般有两种教学过程。其一是完全虚拟的网络课堂，教师和学生群体在统一的时间登陆特定的网络"班级"，教师讲解新课学习内容，组织练习、讨论等学习活动，解答学生的提问，给予必要的反馈指导。其二是自学加集体指导型，学生选择自己方便的时间自主观看教师布置的学习资源，如以图文声像等呈现的多媒体课件，然后在统一时间教师通过网络实时教学系统为学生提供集体指导、讲解和答疑。

4. 网络协作探究模式

网络协作探究模式的一般构成要素包括以下四种。①学习者小组。学习者扮演的角色是进行小组自主分工、制订协作计划、定期自查、完成计划、总结发言并提交作品。②任务／项目。这是网络协作探究模式的核心要素，主要教学理念是让学习者通过使用目标语言合作完成较为复杂的项目或任务，提高自身的语言综合应用能力和团队协作能力，其中项目或任务往往是与社会生活或工作紧密相关的，如策划一个产品的销售方案。③参考资源。④教学指导者。这里的教学指导者即教师。在项目或任务的完成过程中教师给予必要的引导，如协助小组进行分工、提供可能的资源索引、对语言应用的错误给予必要矫正、协调可能出现的矛盾、督促进度、组织评估等。

这种教学模式的宗旨就是构建一个虚拟的真实任务情境，帮助学习者在这个情境中通过使用目标语言来提高外语水平。任务／项目的选择视学习者的兴趣和语言程度而定，如果学习者小组的语言应用水平比较低。那么在设计任务、项目时也要与学习者的语言能力水平相适应，不能相差太远。

5. 网络综合教学模式

在实际的网络外语教学中，根据师资、教学目标以及技术开发水平等条件往往综合应用不同模式的各种教学手段。例如，高校英语综合教程某一单元的网上教学过程是：学生自主观看该单元的网络课件，完成网上的填空、选择、拖动配对等练习并得到计算机的自动批改反馈，如果该学生已经达到本单元客观知识技能的基本要求，则会进入本单元的自主探索部分，会要求他研读一份额外的主题材料并完成一份评述报告，在研读和写作的过程中教师会通过电子邮件／学习论坛等方式给学生必要的引导和提示。

这一网络教学过程就融合了网络自主接受模式和网络自主探索模式的部分教学手段，我们将这种混合的应用称为网络综合教学模式。我们认为在设计和确定教学模式时，应该综合考虑教学目标、师资力量、学习者的学习风格等各种因素，选择应用合理的教学活动。只要有利于实现教学目标，就可以采用综合的网络教学模式。需要说明的是，这一模式的划分方法与其他分类方式并不矛盾，只是参考的角度不同而已。

第四章　混合式高校英语课程教学模式

互联网技术的发展和变革促使相关领域发生了极大的变化，其中就包括教育领域。互联网技术的发展加速了高效英语教学的改革进程，催生了传统英语课程与信息技术相结合的混合式教学模式。本章就对高校英语混合式教学的几种重要模式进行了详细介绍。

第一节　混合式教改模式的构建

多媒体网络技术在教育领域广泛应用的大环境下，"教师主导＋学生主体"的教学模式在许多院校盛行。在如今智能手机、平板电脑、网络为时代印记的新技术的时代下，教学模式不仅要求灵活运用以教为主的教学策略和以学为主的学习方式，同时需要整合各种教学资源，要求教师进行相应的角色转变。笔者以建构主义、情感过滤假设理论为基础，结合该校高职外语教学实际，从语言知识、语言技能、情感态度、文化意识、学习策略五个维度综合考虑构建了适用于高等职业院校的移动平台翻转课堂授课、线上交互式数字课程学习、线下模拟场景实践、过程性与终结性评价结合的四位一体混合式教学模式，并制订了基于网络交互式教学平台的混合式高校英语教学模式图（图4-1）。

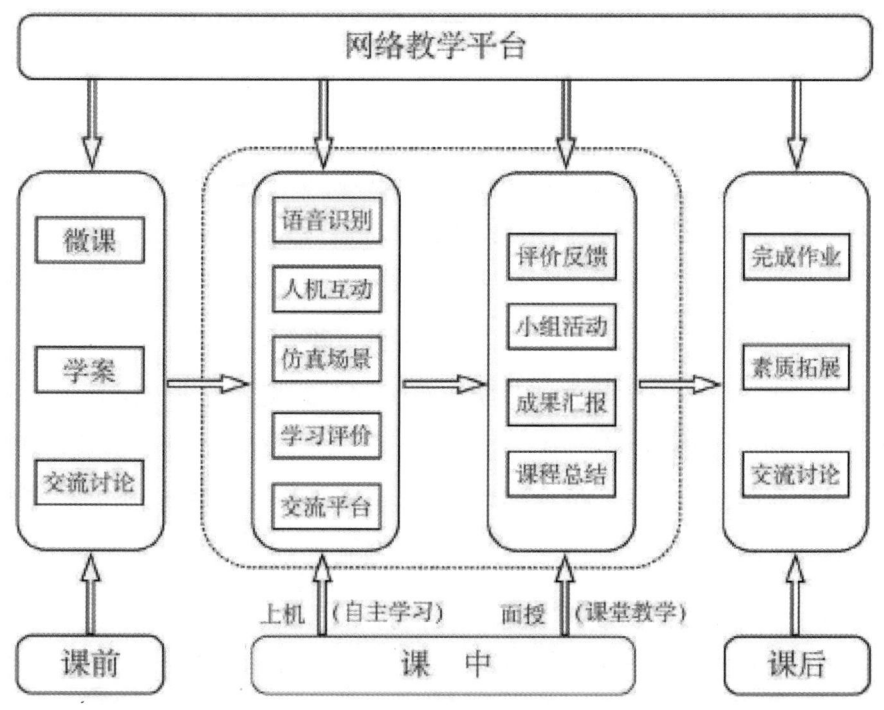

图 4-1 混合式高校英语教学模式

从图 4-1 中，我们可以看到，在这个教学的过程中，教师在教学环节中不再是过去的讲授者或灌输式者，而转变为一个帮助者和支持者，教师在课前和课后的准备工作及评价工作中的功能远大于过去，而学生在课前、课中、课后均为学习的主体，这与过去的"老师讲、学生听"教学模式有了很大的不同。

一、交互式网络教学平台的应用

网络以及 3G、4G 的手机时代所代表的现代网络通信技术及工具的不断发展，各种英语学习 APP 的诞生，从 QQ 到微信，以及各种英语学习平台的出现，这些都为高职院校对英语进行移动式教学提供了强有力的基础和保障。当前 90 后的高职院校的学生是各类智能手机的主要群体之一，他们更愿意接受新的事物，手机及网络给他们带来的娱乐体验自不用说，而基于智能手机、平板电话的英语学习体验对他们来说却还比较生疏。

北京经济技术职业学院在 2014 年 10 月对英语专业的学生进行小规模文华在线英语

在线平台的试用后，于2015年3月开始借助文华在线的"网络交互式教学云平台"及纯数字化英语教材，开展英语课堂教学，尝试新的教学模式。该平台于2014年3月通过教育部教育管理信息中心组织的专家组评议，被认为"设计理念先进、功能全面，符合我国高校教育信息化的实际需求"，适用于教学型院校发布微课和慕课资源，对于提升学校的教学信息化水平具有重要价值。整体上看，该平台功能较完整地覆盖了"教、学、做、考、评"诸多教学环节，符合教育主管部门有关教学质量工程和教学信息化的相关规定；平台能帮助院校建立学科教学基本状态的数据库，并实现教学质量常态化监控，推动教学量化考核、优质资源共享、教师专业发展等。从这个角度来说，U-MOOC对于院校实施"高等学校教学质量与教学改革工程"的相关建设工作有一定推进作用。从教学角度看，在U-MOOC平台中，通常至少有三种角色：学生、教师、管理员。学生可以在平台上完成课程学习、作业、考试等一系列自主学习活动。

围绕课程教学的实施，教师的主要功能包括进度成绩、班级管理、教学计划、作业管理、考试管理、资源管理等。管理员的主要功能包括开课分班、教学管理、教学评价、权限管理等。教师和学生还可以通过讨论区和消息工具进行在线交流。表4-1展示了U-MOOC的基本功能。从这个技术结构来看，U-MOOC不仅适合于学科教师来发布和展示所设计的微课与慕课资源，更重要的是，能够为基于微课或慕课的混合式学习提供多方面的师生互动支持，如作业提交、在线讨论等。

表4-1 U-MOOC的基本功能

模块	说明	工具
个人首页	学生和教师登录以后，进入个人首页，这里显示了个人课程和班级的动态信息	学生可查看近期学习课程，通过"继续学习"打开课程学习界面，从上一次退出处开始学习；教师同样可以查看自己的班级和课程，并通过"进度成绩"快速查看学生的学习进度。也可以在"班级管理"中查看学生名单和在线状态，审批学生的加班申请
课程学习	学生可以浏览在线课程	浏览课程中的图文内容，观看视频，完成交互练习，参与课程中的讨论；查看学习进度与成绩，常见问题
进度成绩	教师查看班级学生的学习进度和成绩	查看学习进度，成绩策略，汇总成绩，查看和导出学生的行为记录
班级管理	教师可以管理班级与学生	创建新班级，修改班级属性，查看学生名单及在线状态，管理学生分组，批准学生加班申请等
教学计划	教师可以编辑课程内容，设置自主学习和面授教学的计划	添加章节、页面，编辑页面内容，添加作业，考试调整章页和页面顺序，隐藏章节；设置自主学习计划，设置面授计划

续表

模块	说明	工具
作业管理	教师可以给学生布置和批阅作业	布置作业，查看和批阅学生作业，共享优秀作业等
考试管理	教师可以安排考试	添加个人试题和试卷，查看共享试题和试卷，安排考试，查看和批阅学生试卷，查看考试成绩分析报告，导出考试成绩等
资源管理	教师可以上传和管理教学资源	上传资源，包括图片、视频、音频、文档等；查看共享资源等

该平台不仅有教学管理和相关英语课程的辅助教学，而且在选材方面不仅可以满足学生在校内或者校外的电脑端的学习，还提供各类数字化英语教材，为学生提供各种真实的海外生活、工作场景以及角色扮演场景，使学生的英语可以在各种仿真的实际场合运用，与以往的纸质教材相比，具有完全不同的学习体验，对教师来说也是全新的教学体验。高职学生的手机依赖性较强，走到哪里都不会忘记带手机，个人的习惯很难改变，既然他们时刻离不开手机这种工具，那如何利用他们的这个特点，使他们用手机来进行学习呢？文华在线这个学习平台在电脑端和手机端均可以进行学习，该平台还有许多实用功能，如查看学生进度与成绩，查看学生的学习记录以及相关成绩，布置和批阅口语作业，记录考勤以及查看班级动态，离线学习，口语作业上传，题库进行训练。学生可以利用碎片化时间去吸收碎片化的知识，这更符合当下年轻人的生活方式和学习特点。

U-MOOC不仅适合教师发布和展示所设计的微课与慕课资源，还能够为以微课或慕课为实施方案的混合式学习提供诸多方面的师生互动支持，基本能够满足当前的高校英语教学的实验需要。首先，教师需要利用微课设计软件以及U-MOOC使用方法，来为自己的课程创建一个在线课程，然后根据交互英语教学大纲来创建不同的教学章节和页面，并将各种自主创设的教学内容上传至资源库中，最后在各章节的页面中编辑好自主学习内容。此外，教师还需要设置课程的学习计划，包括自主学习和面授课堂的计划，在课程论坛中发布供学生课后在线讨论的问题，设计用来检查学生知识掌握情况的在线考试，为全班学生创建分组并布置小组任务。然后，教师就可以通过U-MMOC平台的消息功能向学生发布课程预习通知，让他们在课前浏览自主学习内容，以便对下一堂课的内容有所准备，但学生可查看的时间不要过早，以防止学生因了解下一节课的教学内容而出现缺课现象。完成以上准备工作后，即完成了混合式学习的第一个阶段。在上课之前通过U-MOOC与学生在线进行沟通与交流，使学生对随后的教学内容能够提前有所了解和准备。正所谓"预则立，不预则废"，学生课前是否预习，对于课堂教学效果大有影响。但在传统的教学模式下，教师虽然可以要求学生预习，但很难对学生行为进行干预。相反在混合教学模式下，不仅可以通过平台的学习记录进行检查和跟踪，还可以通过多种网络工具来提醒和督促。课堂面授按照平台的记录的信息向学生反馈，并按照自己的教学习惯设计组织和实施课堂教学。U-MOOC 平台可以为各个班级的学生创建分组，方便学生完成协作学习，这种在线式的小组学习方式，对于培养学生的协作能力很有帮助，同时也可以提高教师的教学管理效率，利用不同小组的组长来负责本组的活动。交互式微课也可以成为学生课后自学的重要工具，为学生提供一种互动性强的在线学习方式。在要求学生们课后在线讨论、考试和小组学习之后，教师也需要做一些相应的教学管理工作，如利用 U-MOOC 平台中的进度成绩来对学生的各种在线学习活动进行监控，监控包括学习进度、学习分析、成绩汇总。此外，教师也需要经常登录平台，回答学生们在论坛中提出的各种问题和批阅学生或小组提交的作业并给出相应的作业成绩及修改意见，系统将会自动反馈给每一位学生，至此构建的移动平台翻转课堂授课、线上交互式数字课程学习、线下模拟场景实践、过程性与终结性评价结合的四位一体混合式教学模式就基本形成了。

同时，就《朗文互动英语》这一系列的纯数字化教材内容而言，这是一套以视听说为特点的互动式的数字化教材，正好满足我们给学生制定的英语教学目标。从选取的这个模块，可以看出朗文交互英语极大地体现了"使用"的特点，看似并没有太难的知识点，却与日常生活或者是行业密切相关，高职学生基础较弱，部分学生来自于高中，还有一部分学生来自以再试系统的另一个角色进行同样操练。此时，这种练习并不是机械的人机对话，而是有情境的人机对话。在进行这部分操练时，每个人单独和系统里的人物进行交流，只有自己能够听到，练习完之后还可以重放自己的录音，就像是有演员与自己为一个英国的情景剧进行了配音。在给定时间进行了相关练习后，再进行两人一组的小组活动，因为经过前面的反复练习与操练，不论是基础弱还是强的同学都已经有信心进行相关的练习。而这种不在大庭广众下进行的练习不仅有助于保护同学的自尊，而且有利于树立他们的自信心。情感过滤假说认为：焦虑感强，情感屏障大，输入少；反之，输入多。这种人机互动模式有效地降低了学生的焦虑感，使学生真正走出"哑巴英语"的困境。学生学习风格不同，因为害怕出错，性格偏内向的学生更不愿意在人前表达自己，他们的焦虑感更强，因此机房的自主学习以及校园外的手机端及电脑端的英语学习可以有效降低他们的焦虑，促进学习的发生。

在普通课堂教学模式下，教师根据课程内容，对学生在线下的自主学习过程中出现的问题做出反馈和评价，组织学生在课上进行小组活动学习，利用"信息差"完成从机械练习到仿真实情境的实际交流，并重点对发音部分予以操练及纠正，也可以在课上播放教师提前录制的视频，强化重点，根据学生课堂状态进行实时调整，由于学生需要自主学习，并且想要了解学习效果，教师可以对学生的学习策略进行有效的指导，并在课程结束时对一个单元的课程内容以及问题进行总结。

二、课后环节

课后的学习分为机房自主学习课后以及课堂面授教学课后两部分。学习的发生主要依赖于学生的自主学习以及教师对学生的过程性评价。要求学生根据本单元的教学内容，在智能手机、平板电脑或者机房完成教师布置的系统自带的题库作业，同时根据自己的个人情况，有针对性地从兴趣出发，去挑选自己喜欢的或者自己没有掌握的模块进行练习巩固。由于学院的条件所限，目前还无法在校园内实现无线网络覆盖，平台客户端提供离线学习方式，一旦将所学内容下载完成至手机上，无论是否有网络均可以实现学习，等到有 Wi-Fi 时刷新一下，学习时长会自动记录在学生的学习档案中。

教师利用平台布置下一环节教学任务或者布置相关作业，作业形式除了课程自带题库，还可以布置写作、口语作业等，要求学生从系统上提交老师批改。比如，学生上机进行了分角色的英语操练，在某一日期前要求学生提交以两人为单位进行以视频及音频形式的对话作业。该系统可以使教师在教学过程中，随时查阅学生的学习进度成绩，从该系统中可以看到学生学习的时长、班级平均学习时长、有多少人完成某一单元相关学习任务、未完成学习任务的学生，以及表现好的学生的详细情况。

如果有学生学习分数较低，教师可以为其专门设置重做分数线，要求其重做。此外，进行实验的教师，可以利用 QQ、微信此类普及性强的手机 APP 以及平台的"讨论吧"及时与大家交流并反馈信息。课程资源取材于真实的情景式对话，学生在课后通过观察中国的类似情景下出现的对话方式来体会文化的差异，启发学生思考，在即时沟通的各种平台上与同学们分享，从而进一步了解英语国家的人文知识和文化。

另外，信息技术并不只限于学校的硬件设施的进步，社会上有很多广受欢迎的英语学习 APP，比如"英语趣配音"，就是将各种视频资源呈现给用户，用户可以欣赏原汁原味的英语资料，软件还将影片的视频内容进行切割，分成一句一句的英语，使用户在欣赏的过程中，根据喜好逐句进行模仿练习，最后由该软件将用户配音与原有的影片、短剧或者演讲进行合成，从而用户可以听到自己为某些著名影片的配音，然后分享发布出去，如果表现得好，还会有很多粉丝。至此，一个单元的学习结束，而新的一个单元的课前学习也同时开启。

三、评价方式

作为教学的一个重要环节，教学评价的科学性也能体现出一种教学模式是否适用于学生群体。由于进行了与以往完全不同的教学模式，考核也必然与以往的考试有所不同，既要能体现出学生的书面水平，又要能考核出学生的英语运用能力，这无疑增加了教师的工作强度。实验中采用的不再是以往的终结性评价，而是过程性评价，更加重视将语言基础能力的培养与实际交际能力相结合，在加强英语语言基础知识和基本技能训练的同时，注重培养学生的听说能力，以满足学生生活和毕业后工作的需要。

过程性评价有利于鼓励学生学习，激发学生学习兴趣，使学生可以一直对学习的状态予以关注，保持学习的长效性，从而发挥教学评价的正面导向作用。通过这种全程的教学评价，教师也可以获得课程的反馈，不断改进教学；学生可以了解自己的学习情况，促进自己的发展。为了达到这样的目的，实验班采用混合式教学的班级采用了新的考核方案。

表 4-2　实验组《英语》课程考核方案

	类别	权重	具体考核内容
过程性评价	课堂教学	20%	考勤 10%（细化到每一节课）； 课堂表现与作业 10%（教师根据学生学习态度、课堂任务完成情况打分）
	学习展示	10%	每位学生每学期至少做一次 8~10 分钟的学习展示，形式不限（如做一次以上展示，取最高成绩）
	在线学习	40%	学习时长 50%（学习平台可自动打分）； 学习效果 20%（学习平台可自动打分）； 参与讨论情况 5%（教师打分与学习平台自动打分相结合）
终结性评价	笔试	20%	统一考试
	口试	10%	口语面试、小组表演、提交视频作业等形式

这种过程性评价与终结性评价相结合的方式，一方面有利于全程跟踪学生的学习，另一方面有利于学生良好学习习惯的养成。形成性评价尤其重视对学生学习过程的评估

和评判。通过多种渠道收集、综合和分析学生日常学习的信息，了解学生的知识、能力、兴趣和需求，不仅注重对学生认知能力的评价，而且也重视对其行为能力的评价。形成性评价为学生提供了一个不断自我完善与提高的机会，有助于学生的全面发展。

第二节　基于微课的混合式教学模式研究

一、微课概述

（一）微课的产生与运用

微课是一种产生自网络时代的教学短视频媒体，成为一种新型的教学视频资源。通过微课这种形式所呈现出来的知识点更加一目了然，能够让学生的学习活动更加具有针对性。通常微课的时长大概为 10 分钟。将微课上传至网络之后，微课就具有了共享性特征。

近年来，微课受到师生的广泛欢迎，并在教育教学领域得到了广泛的应用。微课的兴起主要是以网络环境作为依托的。教师能够通过微课将教学中的难点、重点等呈现出来，学生只要具备上网的条件就能随时观看和学习这些微课。这样的学习环境打破了传统课堂的意义，使学生的学习场所得到了极大的扩大，学生的学习不再受到时间、空间等的限制，并且能够将学生的自主学习与课堂教学联系起来，能够让师生之间、之间通过网络进行更多的交流互动。这样不仅改变了学生的学习模式，也优化了教师的教学模式。教师在课堂上讲授知识时可以灵活运用微课资源，学生也可以通过学习这些微课加深对知识点的理解和记忆，可以在课后通过观看微课及时进行复习和巩固，而且学生还能够通过微课预习接下来的课程，从而让自己课堂上的学习活动更加具有针对性。另外，微课的出现使学生有了一个个性化的学习平台，学生能够结合自己的实际情况选择微课的观看速度以及观看形式等，从而有效地完成对知识的吸收和应用。

（二）微课的价值

1.微课促进学校教育教学模式改革

在学校教育中，微课不仅是教育资源的重要组成部分，而且也是学校教育教学模式改革的重要基础。它在教师的教学、专业发展以及学生学习方面都有极其重要的意义。此外，微课的发展必将会带来基础教育数字化教学的进一步改革。

近二十年来，开始尝试使用在线教育的学校越来越多，其中既包括中小学，也包括很多高校，学生利用寒暑假的时间或者是课余时间通过网络进行自主学习已经变得非常普遍。而在在线学习中，微课无疑占据着极为重要的地位，这种"短小精悍"的视频受到了大家的欢迎。与此同时，因为微课相较于以往的在线视频来说时间更短，因此，它能够节约教师的时间，更有利于教师在课堂上的演示和讲解。另外，微课视频往往是围绕一个案例或者一个知识点展开的，所以，它的针对性极强，这又为教师的课堂教学提供了一个极好的条件。

2.微课影响教师的专业发展

通常来说，教师的学习往往是从实践和反思中得来的，是通过与同行、同事交流切磋得来的。教师们能够通过教师实践社群将自己的经验分享给其他地域或者其他国家的教师，并与他们进行沟通交流，使隐性知识转化为教师自身的显性知识，并将这些知识应用在具体的教学实践中。微课也是由教师制作出来的，它不仅体现着教师的教学设计思路、教学思想，而且也凝结着教师的智慧和经验。教师们通过实践社群分享自己制作的微课的同时，实际上也将自己的教学智慧分享给了其他教师，这无疑十分有利于教师的专业发展。

3.微课改变校外教育的形式

微课兴起之后，很多在线教育企业开始试着将微课应用到商业领域，特别是在面向公众的技能分享、面向特定受众的在线继续教育以及中小学在线课外辅导等方面。

有很多原本开展线下一对一辅导的企业开始逐渐发展为在线辅导，当然也有一些企业就是从在线辅导起步的。面向特定人群的在线基础教育更多地倾向于技能训练，它往往会涉及职称考试、自学考试或者是岗位培训等，因而这些课程所面向的人群通常有着刚性需求。而那些面向公众的技能分享则通常会采用微信视频的形式，因为这样更容易有针对性地向受众展示各种生活技能。可以看出，这些在线教育企业试图将线上、线下结合起来，用微型教学视频的形式对相关的知识内容进行呈现，从而打造一个线上分享、学习知识和技能的环境。

二、微课与混合学习模式结合的重要作用

　　微课和混合式学习二者能够相互结合，相互促进。微课能够为混合学习模式提供教学资源，并且在混合学习模式中微课的各种理念能够得到有效利用，比如，合作学习、自主学习、个性化学习等，二者的结合能够使混合学习模式更加高效。此外，微课与混合学习模式两者所具备的特点十分契合，例如，微课便捷性强、不受时空限制，这有利于混合学习模式下学生根据自己的学习能力、水平以及学习兴趣等自主选择学习资源，此外，微视频重点讲解某个知识点且时间较短，有利于学生注意力的集中，从而使学生取得更好的学习效果。与此同时，不同于传统的教学资源，微课资源能够通过网络进行分享，因此，学生能够随时随地学习微课，这为学生的个性化学习创造了更多的可能。相较于原本的大型网络课程来说，如今的微课更加碎片化、微型化，更能够满足学生的多样化需求。

三、基于微课的英语混合式学习模式的特征

（一）教学的主体内容突出

　　一个微课视频往往是对某个具体知识点的详细讲解。对每个知识点进行详细的讲述和深入的讲解，能够加深学生对知识点的理解，同时更有利于那些基础知识薄弱的学生进行自主学习。

　　英语语言的内容本身就比较抽象，即便在课堂上，教师对一些内容的讲解也并不十分透彻，此时，学生就可以通过互联网找到相应的教学资源进行自学，这样不仅能够使自身的英语水平得到提高，还能锻炼自己的自主学习能力。在英语学习过程中，学生能够快速、准确地找到自己所需的微课视频资源，然后根据自身情况开展针对性的学习，网络的便利也会缩短学生寻找相关视频资源的时间。

（二）教学时间短且容量小

　　互联网微课的视频内容主要是教学内容。一个微课往往只讲解一个知识点，虽然对于不同难度的知识点所录制的时长有所差异，但总体来说，微课视频的时长还是较短的。绝大多数的微课教学资源会以课程纲要为标准，将教学内容细致地划分为各个小知识点，

这样不仅能够保证将每个问题都讲解清楚，而且能够让学生产生完成课程的自豪感，从而逐渐树立起他们的学习自信心。另外，网络上的微课还包括一些直播课程，高校设置的公共课程通常会采用这种形式，直播课程则会向全体师生开放。通过参加直播课程，学生能够在网上和教师进行互动交流，可以在课堂上让教师对自己有问题的地方进行针对性的解答。这种直播课程十分有利于提高学生上课的积极性。

因为语言学习往往比较抽象，所以，英语微课的时长较短，容量较小，这样能够让学生在注意力集中的时段完成课程的学习，保证自主学习的效率。与此同时，若是微课一次性承载的知识点太多，则可能导致那些英语基础较差的学生无法完全对知识进行吸收，因而那些容量较小的英语微课更加有利于学生英语知识的学习。

（三）教学设计与教学环节紧密相连

网络上的微课及其细分的小知识点都是根据教学大纲和教学目的设计出来的。在对每一个小的知识点进行讲解之前，教师会根据学生的学习进度、学习顺序以及自己的教学经验，对教学内容进行详细的设计，这样不仅能够保证课程的有序性，而且有利于学生对知识的理解和吸收。

与此同时，教师也要时刻关注教学的实际情况，要根据微课的收藏量、点击量等反思自己的教学情况，并且要及时关注学生在评论区的留言，了解学生在学习中遇到的各种问题及其学习进度、掌握情况等，并以此为依据不断改进和完善自己的教学设计。此外，要知道学生的英语学习也是日积月累、循序渐进的，只有学好基础知识，才能为今后的英语学习打下坚实的基础。因此，教师的教学设计是十分重要的，优良的教学设计能够增加学生学习英语的动力。

（四）教学方式灵活且应用广泛

相较于传统的教学方式来说，微课具有更加多样的展示学习内容的方式。以往的课堂教学中，学生只能通过教科书以及教师的板书来获取学习资料，而在微课教学中，学生可以通过文字、图片、动画、音乐等形式来完成学习资料的获取。将众多载体与学习知识相结合，能够使学生对学习活动更加感兴趣，并且在学习过程中充分地将学生的耳朵、眼睛等多种感官调动起来，使学生对知识形成更加强烈的印象，从而让知识内容长期地存在于学生的头脑之中。

在英语学习中，学生的学习活动必然离不开听、说、读、写这几个重要环节，听力和口语与英语的发音、表达有重要关系，阅读、写作则关系学生所掌握的单词量。在英语教学中，微课有一个不可忽视的优势，就是能够将外国人的语音通过各种方式展示出来，这增加了学生了解标准表达方式的机会和渠道，有利于学生的英语口语变得更加地道。

四、基于微课的英语混合学习模式的设计

在网络时代的英语教学方面，大部分研究资料更加倾向于讨论网络对学生学习所产生的作用，而很少有人研究如何将传统教学的优势与网络教学的优势进行结合，更少有人提出能够运用于实际英语教学中的混合式学习模式的策略和方法。所以说，在当前的研究中较少涉及如何优化整合混合学习模式与传统英语教学两者的优势，尤其是在微课被引入英语教学后，怎样运用微课资源把握混合式教学与混合式教学中传统教学的比例，更是极少有学者进行研究。在设计以微课为基础的混合教学模式时，要以学校网络平台建设以及微课资源建设情况为依据，按照以下环节进行混合教学模式的具体构建。

（一）课前准备

教师以英语单元教学目标作为依据设计与制作微课，并且要将制作完成的微课上传至网络平台。在课程开始之前，学生通过观看和学习微课视频对相关知识进行预习，并且将自学过程中所遇到的问题记录下来。教师在微课视频中不仅要讲解知识点，还要将思考题、学习任务等布置给学生，学生自学之后可以通过网络就自己遇到的问题进行讨论和交流。如此一来，传统的以书面形式为主的备课工作就转变为以网络形式为主的备课。需要注意的是，在微课的实施过程中也要结合传统教学模式中预习课本与布置作业等环节，这样才能充分发挥两种教学模式的优势。

（二）课堂学习

在进行课堂教学时，教师应该以教学目标为根据，为学生创设最佳的学习情境，从而保证教学活动的顺利进行。举例来说，在进行写作教学时，教师可以运用各种工具如多媒体等为学生创设与写作主题相关的教学情境，对于课堂写作任务可小组完成也可个人完成，师生之间随时可以进行互动交流，最后教师对学生写作任务的完成情况进行评价。

因为课前学生已经通过微课学习了相关的知识点，并就自己的疑惑进行了交流和讨论，所以，大大缩短了线下课堂教学的时间，这样课堂教学不仅效率更高，并且更具针对性。

（三）教学内容设计

教师应该着重梳理教学内容中的难点和重点，思考怎样通过微课的运用使课堂获得更高的教学效率。举例来说，如果课堂内容是教学生写作"邀请函"，那么教师就可以将锻炼学生英语实用能力作为微课视频制作的核心，并且注意导入环节要尽量做得充满趣味。教师可以通过微课将"邀请函"的范例展示给学生，然后由此引发出相关的知识点以及学习目标。

微课的主要形式有 PPT 文件播放、录屏、实景拍摄等，教师要尽量在微课视频这短短的 10 分钟左右的时间内吸引学生的注意力，并尽量让学生通过微课的内容了解和掌握有关知识点。

（四）课后评价

评价主要分为以下两类：过程性评价、终结性评价。毫无疑问，前者主要指的是评价学生在学习过程中的表现，比如，学生在进行网络自主学习时提出和回答问题的次数、在平台停留的时长以及参与讨论的积极性等，教师可以从后台监控软件获取这些相关数据，并以此作为凭证对学生的网络学习做出客观评价。与此同时，过程性评价也涉及学生在线下课堂上的表现，比如，学生的学习信心、学习态度等。而教师对学生的终结性评价则可以以随堂测试的成绩作为依据，并通过评价增强学生的学习动力和积极性。

第三节　基于翻转课堂的混合式教学模式研究

一、翻转课堂概述

（一）翻转课堂的起源

莫林·拉格（Maureen Lage）和格林·普拉特（Glenn Platt）是美国迈阿密大学的经济学教师，他们从 1996 年开始进行翻转课堂的相关实验。这些实验不仅大受欢迎，而且取得的效果也相当不错。《颠倒的课堂：建立一个包容性学习环境的途径》是他们于 2000 年发表的一篇文章，该文章对"翻转教学"这一模式进行了介绍。也是在同一年，翻转课堂作为独立概念被提出。在第 11 届大学生教学国际会议上，J. 韦斯利·贝克（J.Wesley Baker）发表了他的论文《课堂翻转：使用网络课程管理工具，成为身边的指南》可以说极大地提高了翻转课堂的影响力。

亚伦·萨姆斯（Aaron Sams）和乔纳森·伯格曼（Jonathan Bergmann）这两位化学教师来自美国科罗拉多州林地公园高中，他们不想因为给落课的学生补课而过多地耗费自己的时间，便"投机取巧"，将自己的教学过程录制下来上传到网络，让学生通过自主学习补上落下的课程。

而令人意料不到的是，学生们竟然相当喜欢这种学习方式，并且在成绩方面也得到了提升。后来这一做法逐渐被小镇上的教师所接受和采纳。逐渐地，两位教师意识到这样一个问题：学生们其实有能力进行自主学习，教师实际上只需要在他们遇到困难和问题的时候出现，给予他们相应的帮助。萌生了这样的想法之后，两位教师就把所有的化学课程全部录制为视频提供给学生，让学生在上课之前通过观看视频进行学习。如此一来就节约了很多课堂时间，教师们也能够利用课堂时间为学生答疑解惑。

《翻转课堂与慕课教学：一场正在到来的教育变革》这本书于 2015 年出版，其中总结了乔纳森·伯格曼和亚伦·萨姆斯两人对翻转课堂模式的探索结果。在书中，他们具体叙述了翻转课堂的内涵，并且指出翻转课堂不仅能够让学生学到的知识得到巩固，而且也提升了他们的自主学习能力。学生不仅得到了成绩的提升，而且对学科的认识也大大增加。

在这本书中两位教师还指出翻转课堂模式对师生关系具有促进作用，不仅增加了师生交流的机会，让师生关系更加牢固和密切，而且学生的学习过程也更加个性化。与此同时，他们也指出，虽然在科技的帮助下翻转课堂让师生关系更加亲密，但是这并不代表说在线指导能够完全取代传统课堂以及教师。并且，翻转课堂堪称完美的"混合"课堂，它将在线教育与传统课堂的优势相结合。

2006年，以教学视频为主要内容的"可汗学院"由萨尔曼·可汗（Salman Khan）创立。它的创立无疑扩大了翻转课堂的普及范围。2012年，萨尔曼·可汗出版了一本书，将书名翻译成汉语就是《翻转课堂的可汗学院：互联时代的教育革命》，在该书中，可汗对翻转课堂做了如下定义：学生以自己的学习情况和学习进度为根据在家中观看视频，然后在课堂上师生一起解决自学过程中遇到的问题。在这本书中，他还明确指出传统课堂的弊端所在，并希望有更多的学校和教师运用翻转课堂。

我国从2011年开始引入"翻转课堂"，在基础教育阶段最早使用翻转课堂的学校是位于重庆市的聚奎中学。经过长达四年的探索与实践，聚奎中学使翻转课堂更加符合自身的教学情况。聚奎中学认为翻转课堂的定义是：教师在课程开始前就将各种数字化教学材料分发给学生，让他们根据材料自学，然后师生在课堂上一起互动探讨，并最终完成教学目标的一种教学形态。

由此可以看出，美国的翻转课堂实际上是翻转了"在家"和"课堂"的学习，而我国本土化的翻转课堂则翻转的是"课前"和"课中"的学习。

（二）翻转课堂的概念解读

教师在课程开始之前就按照教学计划、教学内容、教学重难点精心地设计和制作微视频，学生可以在课下选择合适的环境自主学习教师制作好的微视频，然后在课堂上师生一起讨论、交流，解决自学时遇到的疑难问题或者课堂作业，这种新型教学方法即是"翻转课堂"。

在传统教学模式中，知识的传授往往是在课堂上完成的，教师讲、学生听，最后学生通过做课下作业完成课堂学习。而翻转课堂正是与这种传统教学模式相对应。与传统课堂恰恰相反，翻转课堂主张学生先自学，教师再教授，翻转课堂具有更强的互动性和自主性，它更能增强学生的学习效果，提升教学的质量和效率。

但是需要指出的是，翻转课堂与原本的在线视频学习也存在很大的差异，这主要是因为学生在观看完网络上的微视频之后，还需要在课堂上和教师一起交流探讨各种问题，也就是教师和学生共同完成了有意义的学习活动，翻转课堂并不是让微视频直接代替传统课堂，不是让学生随意进行学习，也不是让学生单纯地通过电脑进行乏味的视频学习。事实上，作为一种新型教学手段，翻转课堂增加了师生的交流互动，并且它能够增强学生对自己的学习活动的责任感；教师的角色也发生了转变，不再是单纯的"讲授者"，而成为一个"引路人"。此外，翻转课堂的内容是能够被永久存档的，即使有学生因为各种原因无法及时上课，也可以通过翻转课程补上被落下的课堂内容，那些基础薄弱的学生也能够随时根据翻转课程查漏补缺，如此一来，有利于提升学生的学习积极主动性。

下面从三个层面具体介绍翻转课堂所包含的内容。

1. 学习流程的重构

传统课堂上知识的传递往往经过以下两个过程：教师先"传递信息"，学生再"内化吸收"。在传统课堂中教师和学生无形之中存在着一定的距离。而在实行新课改的今天，传授知识的过程也大大改变，就是在课前将信息传递给学生，让学生通过教师的在线辅导完成对知识的初步理解和吸收，然后在课堂上，学生与学生之间可以通过相互交流增加自己的成就感和学习动力，教师也可以通过参与学生的讨论使彼此共同发展，让师生关系更加密切。

2. 课堂的把控

对课堂的把控实际上就是对课堂的控制和调节。在翻转课堂模式中，课堂上的时间主要是知识内化和顺应的时间，如果能够对课堂进行有效调控，那么课堂氛围就会更加浓厚，课堂效率更高，从而能够更加充分地发挥学生的创造性潜能。

在采用了翻转课堂教学模式的美术课堂上，教师更多地成为课堂的组织者、对话者、参与者，而真正的落脚点和出发点则是学生。教学活动实质上就是在各种教学活动引领下的学生的主动学习。在课堂上，教师要合理分配好各活动的时间，对课堂节奏有一个较好的把握，始终让学生成为总结发言、讨论交流的中心，让学生成为课堂的主体，让他们通过互动交流潜移默化地完成知识和技巧的掌握，并且教师要及时评价学生、时刻激励学生，让课程顺利完成。

3. 微课程资源的循环性

从小范围来看，微课在被上传到网络后更加容易被检索和保存，这让学生的自学更加方便。教师和家长能够共同对学生的自学活动进行督促，让学生通过观看视频完成相关任务及测验。学生也可以从自身实际情况出发对微视频进行反复观看或者是查漏补缺。此外，可以设置一个专门评价微视频学习情况的平台，让教师能够通过解答学生的疑问来了解学生的学习进度和掌握情况，并且提供给学生具有针对性的帮助。这不仅有利于教师改进自己的微课视频，也有利于提高学生的学习效率。

另外，需要注意的是，微课程能够让不同地区和不同国家的学生享受同样的优质教育资源，这无疑能够极大地推动教育的进步和发展。

二、翻转课堂与英语混合式教学模式结合的意义

（一）顺应信息化发展的时代潮流

在网络和多媒体如此发达的今天，可以说人们已经进入了互联网信息时代，信息化成为未来的发展趋势。与此同时，信息化也在不断冲击着大学的教育模式和体制，不断推动着教育事业的创新和发展。

时代处于不断的发展变革之中，为了与之相适应，教育教学手段也要及时得到更新和发展，所以说，在英语教学中运用"翻转课堂"混合式教学模式是与信息时代的发展趋势相顺应的，不仅使课堂教学与信息技术的融合更加深入，而且加快了教学的信息化改革进程。

（二）促进教学理念的转变

"翻转课堂"混合式教学模式的出现，让教育教学改革有了全新思路。传统教学模式中，课堂的中心是教师，学生始终处于被动地位，接受教师的知识灌输，在这种模式下培养出来的学生非常缺乏创造力。随着时代的发展和社会的进步，传统教学模式的弊端便逐渐暴露出来。而信息化社会的进步和发展催生了网络课堂教学，但是应该注意到这种教学方式也是存在弊端的，比如，在学生进行网络学习时教师很难对其进行监控，教师也无法及时给学生提供帮助。而传统教学模式下教师的监控、启发、引导作用则能够为解决以上问题提供思路。正是在这种契机之下，越来越多的课堂开始使用"翻转课堂模式"。翻转课堂模式将传统课堂和网络课堂结合起来，使英语教学有了新的教学理念和教学方法，这无疑是教育界的一场革命。

(三)提升了课堂教学的效果

传统教学模式中的课堂所存在的弊端是显而易见的,比如,课堂气氛低沉、教学方法单一、师生缺乏沟通、教学效率不高等。虽然在各高校实行教学改革之后,在一定程度上提高了学生的主体性地位,并且取得了一定的成果,但是从实质上来说,教师主导的传统教学模式并没有被真正改变。

在互联网如此发达的今天,有了足够好的环境和条件供英语教学开展信息化教学。"翻转课堂"更加重视学生的主体性地位,为学生个性化学习的实现提供了良好的条件,这不仅有效利用了课堂资源,还能够深度激发学生的学习兴趣,让他们的学习更加有效,对知识的掌握更加牢固。

因此,翻转课堂使原本僵化的课堂授课形式转变为如今的互动式课堂教学,让师生在课堂上有了更多的交流机会和互动时间,这种"以学生为中心"的教学模式能够真正提高课堂效果,达到学以致用、理实结合的教学目标。

(四)激发了学生学习的兴趣

混合式学习的各种优点都在翻转课堂中得到了充分体现,翻转课堂能够使教师与学生之间形成一种新型的师生关系,让一切教学资源都能够得到充分的利用。高校英语翻转课堂混合式教学模式的改革是在网络科技飞速发展的基础上进行的,这种教学模式的创新是高校英语教育的一次跨越式发展,具有非常重要的意义。首先,这种教学模式能够有效地打开学生的学习思路,鼓励学生发挥自己的积极性,主动开展自主学习。在学生自主学习的状态下,教师的教学时间就可以适当地缩短,将更多的时间留出来进行答疑解惑。学生自己提出问题,再与同学、教师一起讨论解决,这种教学模式会让学产生学习成就感,从而激发学生的学习兴趣,以此形成一个良性循环。其次,翻转课堂混合式教学主张让学生自己去发现、去研究、去思考,教师不再"满堂灌",这种教学模式会极大地提高教师的教学效率与学生的学习效率,并且教学效果与学习效果也会得到增强。随着信息技术在高校课堂中普及应用,学生除了能在课上学习知识以外,还能够在课下获取丰富的学习资源,越来越多的学习形式进入学生的学习生活,同时,各种学习英语的软件以及高校网络教学平台也为学生营造了一个良好、便利的学习环境,使学生能够随时随地获取自己想要的知识信息。因此,翻转课堂混合式教学模式使学生从过去被"逼迫"着学习变为"主动"地学习,使学生的主动性、积极性得到了充分的发挥,这对学生的全面发展有着非常重要的意义。

三、基于翻转课堂的英语混合式教学模式的研究设计

（一）教学环节设计

1. 课前预习

虽然课前预习这一教学环节经常被忽视，但是，该环节在英语混合式教学模式中具有相当重要的地位。在课前预习环节中，教师要认真备课，在备课时要结合相关的教材内容，考虑学生的具体情况与学习进度，制订一个明确的教学目标，然后根据该课程的课时内容制作短片或者小视频，通常视频时长为5—8分钟，视频中尽量体现课程中的重点或代表性内容。视频时长的把控非常重要，如果把控得不好，就会影响课堂上的教学节奏。而视频中的具体内容也要与学生的学习需求相符合。之后，教师可以将视频发送到聊天群里或者学习平台上，让学生根据视频进行预习。学生可以自己先熟悉一下课程内容，提出疑问，也可以自行查找补充资料。还可以通过小组合作来完成预习作业，或者直接向教师寻求帮助。

2. 课中学习

课中学习环节是翻转课堂混合式教学中的核心环节。在这一环节，教师可以让学生根据此前的视频预习，提出一些问题，通过这些问题了解学生的学习思路以及学习过程中的难点。教师可以让学生组成学习小组或团队，围绕这些问题展开讨论，也可以组织辩论、演讲等课堂活动，让学生深入了解问题，解答问题，获得全方位的发展。这种教学模式突出了学生中心，学生的自我展示以及团队展示被置于课堂中心，他们成了课堂中最吸引目光的人。这种教学模式使学生从被动变为主动，同时，教师的身份角色也由"灌输者""逼迫者"变为"引导者"。

3. 课后拓展

翻转课堂混合式教学模式对课后拓展环节也非常重视。课后学习环节是对课前及课中学习的总结巩固，这一环节有助于学生深入理解知识，强化知识信息的记忆。教师可以在课后环节通过网络平台布置作业，这份作业不应该是机械的、简单的重复作业，而应该是结合了学生此前的表现，结合了课堂教学过程中的重难点以及学生学习过程中的薄弱点，有助于提升学习能力的作业。这份作业可以不用传统的方式提交，学生可以借助音、视频等各种形式完成作业。除此之外，针对一些学习进度较快、学习能力较强的学生，教师可以布置更多的课外拓展作业，开发他们的思维能力，鼓励他们继续保持良

好的、积极向上的学习状态。

（二）教学评估过程设计

教学评估对英语教学来说相当重要，随着英语教学模式不断地更新、改进，传统的教学评估方式自然无法与当前的教学模式相适应。混合式英语教学注重"以学生为中心"，因此，其教学评估方式不应是单一的、死板的，而应该是多样的、多元的、形成性的评价。形成性评价不是只关注最后的考试成绩，只关注分数，而是将整个教学过程中所有的教学环节都纳入了评价范围，同时，也会对学生各方面的表现进行考察，包括学生的自主学习、合作学习、小组讨论、课后学习等，除此之外，还会考查学生的学习态度与学习状态。这种评价方式没有将学生钉在一根柱子上，而是全方面地开展评估，能够予以学生充分的鼓励，促使他们更加积极向上，朝着好的方向发展。

四、基于翻转课堂的英语混合式教学模式实施的建议

（一）授课内容方面

英语翻转课堂混合式教学中，课程视频的制作占有较大的比重，因此，课程视频中的内容设计非常重要，只有好的内容才能达成好的教学效果。但是仍然有一些高校教师没有接受课程视频这一教学方式，还有一些教师虽然接受了新的教学理念，但还没有足够的技术能力去实施教学。因此，对于高校英语教师的视频制作能力的培训应该提上日程。实际上，课程视频的制作也是对教师备课能力的考验。一个优秀的课程视频中应该含有本课相关的知识内容，要具有一定的连贯性，不能过于碎片化，同时也要适当加入一些有趣的内容，以吸引学生的注意力。课程视频内容还应该结合实际，结合学生的学习生活，使学生"有话可说"，能够顺利展开讨论，以此激励学生积极发言。除此之外，针对一些不太爱主动发言的学生，教师还应该在视频中加入一些课堂或课后练习，让学生将自己的想法写出来，便于他们了解自己的学习状况。教师也可以通过这些练习把握学生的整体情况。

（二）课堂教学活动设计

翻转课堂混合式英语教学模式主张教师将课堂还给学生，这就要求教师合理分配课堂时间，把握教学进度与课堂节奏。在混合式英语教学课堂上，小组讨论交流、辩论活

动的时间要适当地加长，当然这些讨论及活动应该围绕着教师给出的课程视频进行，可以适当地展开发散思考，但不能过分远离本课内容。在这样的课堂上，教师的讲授不再是主要的教学方式，教师的功能主要是引导学生开展学习活动，营造活跃的学习氛围，掌握学生的学习状态，并在学生遇到困难时予以帮助。针对一些学习能力较差、学习进度较缓慢的学生，教师也要对其予以关注，鼓励学生找到适合自己的学习方法，完善自己的知识体系，从而跟上大家的学习进度。

（三）教师理念和学生态度

在信息技术的冲击下，高校英语的教育理念发生了改变，教学模式也进行了改革。实际上，这种教学模式的转换一时之间很难被高校教师所接受。这是因为在常年的教学实践工作中，英语教师们已经形成了一套自己的教学方法，信息技术对课堂的介入，使他们产生了陌生感，感觉不能很好地把控课堂，如果想要与信息技术完美融合，就必须突破原有的教学方式，向新的教学模式迈进。这给高校英语教师带来了极大的挑战，教师们的教学能力、应变能力、知识储备等都需要有所提升和增强。

从学生的角度来讲，学生对新的教学模式不一定能够快速适应，教学模式的变化并不会对他们的学习态度起到立竿见影的效果。所以，教师还要引导学生积极适应翻转课堂混合式教学模式，帮助学生融入课堂，逐渐走出原来散漫、被动的学习状态，鼓励他们与同学、教师积极交流。他们可能会被迫做出改变，但这毕竟要耗费许多时间。因此，无论如何，混合式教学还需教师和学生双方的接受、适应。

第四节　基于慕课的混合式教学模式研究

一、慕课概述

（一）慕课教育背景

慕课产生于美国，其英文简称是 MOOC，20 世纪 60 年代，一些美国的创新研究者在研究如何增进人类智慧这一课题时发现，计算机能够有力地辅助人类增进自身智慧，由此，人们开始尝试将计算机技术应用于教育事业中。随后，信息技术的发展带动着教育事业不断前进。慕课教育的出现与兴起，就是信息技术与教育事业结合的产物。慕课教育通过网上授课的方式，突破了传统课堂的诸多限制，能够准确把握学生的学习兴趣点，对提升学生的学习主动性与积极性有着极大的作用。

（二）慕课教育内涵

慕课的英文简称是 MOOC.这四个字母所代表的含义就是慕课教育的内涵，是慕课教育理念的概括浓缩。"M"代表 Massive，意为大量的、大规模的，慕课教育的规模非常大，作为一种网上授课模式，同时观看慕课的人数可以达到十几万人，这种对学生人数的容纳量，极大地突破了传统课堂教学模式在学生数量上的局限，它将课堂容纳量扩充到了极致；第一个"O"代表 Online，意为在线，这主要阐释了慕课的运行平台，即网络平台，人们可以通过慕课在线学习；第二个"O"代表 Open，意为开放，这表示慕课的教育理念是包容、接纳、开放，不管是什么年龄、什么地区的人都能够在慕课这一平台上获取知识；"C"代表 Course，意为课程，慕课是一个具有完整课程体系的网络教学平台。

（三）慕课教育特点

1. 在线开放，实现资源共事

慕课教育与传统教育的最大区别在于，慕课是在网络技术的基础上建立的，它依托网络而生，因此，具有许多网络的特性与优势。慕课能够为学习者提供丰富的学习资源，还能够实现知识共享、课程共享、教学成果共享等。传统课堂教学受到多方面的限制，影响力较小，但是慕课的出现使课堂的时空限制被完全打破了，人们可以随时随地查阅资料，随时随地开展学习活动。不同专业、不同层次的学习群体都能在慕课中找到自己需要的学习资料，这正是慕课开放性特点的鲜明体现。进入慕课学习的条件非常简单，只需要一部有网络的电子设备以及一个学习账号即可。

2. 内容丰富，满足个性化需求

由于慕课的资源内容非常丰富，因此，它可以满足不同学习个体对知识的个性化需求。在慕课平台上，学习者可以为自己创设一套独一无二的课程模式，人们可以选择自己感兴趣的课程，也可以根据自身的学习能力或职业规划进行课程的选择，整个学习过程中，学习者可以自由掌握自己的学习进度，这在最大限度上满足了学习者的个性化需求。除此之外，学习者还可以借助慕课平台向教师寻求指导，教师可以在线监测学生的学习状态，帮助学生解决困难，并对学生予以针对性的指导，做到因材施教，从而增强学生的学习效果。

3. 立足学生，实现自主学习

慕课的教学方式完全颠覆了以往传统的教学模式。在慕课教育中，学生的中心地位得到了突出，学习者摆脱了过去被动的地位，变成了主动的知识寻求者，教师在其中只是适当地发挥指导作用，帮助学生梳理知识脉络，构建完整的知识体系。这种教学模式有助于推动学生开展自主学习，有助于真正提升学生的学习能力。学生可以在慕课教育平台上，进行课前预习，也可以进行自我测评，还可以与同学互相讨论，充分发挥学习的自主性，完全把握自己的学习进度与学习状态。

4. 多重互动模式，多元评价体系

慕课教育依托于网络平台，因此，其互动性极强，在教授知识的过程中，始终没有忽视与学习者之间的互动。慕课教育平台使学生与学生之间、学生与教师之间形成了多重互动，这种积极的互动有助于激发学生的学习兴趣，营造活跃的学习氛围，减轻学生在学习过程中产生的学习压力，使他们能够在一个轻松、愉悦的环境中进行学习。除此之外，慕课教学模式下的评价体系也变得更加多元化了，针对学习者的评价不再只是单纯地依靠分数，而是会考察学习者各方面的状况，进行综合性的评价。

由此可见，慕课教育的优势已经表现得非常明显，慕课的发展推动了高校英语教学的改革步伐。慕课在高校英语课堂中的应用,有效地提升了教学效果,丰富了教学形式,对英语教学改革来说非常有益。

二、慕课与英语混合式教学模式结合的意义

慕课混合式英语教学模式推动了高校英语教育改革的发展,线上的教学与线下的教学实现了完美结合,这种教学模式使教学效率与学习效率得到了极大的提高。不过,需要注意的是,慕课教学模式的融入是与传统课堂教学模式更好的结合,而不是完全取代传统课堂教学,消灭课堂教学。对网络学习环境的重点塑造,对学生主体地位的呼吁,也不代表完全放弃教师在教学中的主导作用。混合式教学模式的精髓就在于将慕课教学模式与传统课堂教学模式结合起来,各取所长,满足信息时代的学习需求,使课堂不再受到时间、空间的限制,让学生获得自由、自主的学习环境。总之,混合式教学模式并不是将两种或多种教学模式简单地重叠在一起,而是将各种教学模式的优势提取出来,进行一个良好的融合,使不同的教学模式融合达到最优的教学效果。

慕课混合式英语教学模式使线上学习与线下学习实现结合,课前预习与课后拓展互相补充,使学习者的整个学习过程都得到了优化。学习者可以在慕课教育平台上完成课前、课上、课后的所有学习任务,还能够在这个平台上与他人交流沟通,并不是完全孤立地进行学习,相互交流讨论有助于消化知识,更深入地理解知识。慕课混合式教学模式指明了高校英语教学发展的方向,突出了学生的中心地位与主体地位,使学生的个性化、信息化学习需求得到了满足;从教师的角度来看,慕课混合式教学模式有助于教师实现因材施教,有针对性地开展辅导工作,强调了教师的主导作用,使差异化教学、个性化教学得以实现。

三、基于慕课的大学英语混合式教学模式的构建

(一)构建网络教学

当前,优化高校英语课堂教学的最佳方式就是将网络引入课堂,传统课堂教学与网络教学相互融合能够有效地激发学生对英语学习的兴趣,提升其学习效果。网络教育平台能够为学生提供丰富的知识信息,学生可以在平台中找到满足自己需求的资料,同时,网络教学也没有忽视教师的引导作用,学生可以在平台上获得教师的指导与帮助,并且

这种指导具有一定的针对性，对学生的帮助更大。网络教学与传统课堂教学的结合，有助于学生更好地吸收知识，理解知识，提升自己的学习能力。同时，这种教学模式下，教师与学生之间的关系也会更加亲密，从而形成良好的学习氛围。混合式教学模式体现了高校英语教学方式的多元化，英语教学依托网络教育，能够开拓学生的学习平台，深化学生对知识的理解，从而提高其学习成绩。由此可见，网络教学的构建是高校英语混合式教学模式首先要考虑的重点。

（二）在线课前预习

在网络教学平台顺利建成之后，教师与学生就可以在这个平台上开展教学、学习活动。其中，课前预习是必不可少的一个环节。高校英语教师必须重视课前预习，认真备课，为学生布置预习作业，教会学生如何完成预习任务。学生在进行课前预习时不能敷衍了事，必须融入自己的思考，要认真研读细节，不能只求个大概。学生在进行课前预习时可以采用标记的方法，及时标出自己的问题，然后将问题带到课堂上思考、解决。如果课前预习的学习任务完成得比较好，那么课堂上的教学效果也会很棒。

（三）课上进行讨论

在完成了课前预习之后，即英语教学中最重要的环节——课上环节。在这一环节，学生可以将之前存在的问题提出来，与同学、教师一起探讨，以此寻求问题的答案，这种教学模式能够使学习者对知识信息的记忆更加深刻。课上讨论环节是慕课混合式英语教学模式的特点之一，积极、正向的交流互动能够鼓励学生开口发言，与他人一同探讨，培养其合作学习的意识，同时也能激发学生的上进心，使学生之间形成一种良性的竞争学习环境，促进大家共同发展，拉近师生之间、学生之间的关系。

（四）课下进行复习

在传统课堂教学中，课后复习往往会被忽视，教师也很难进行及时的监督，但是慕课混合式英语教学模式中，课后复习得到了应有的重视，也有了可行的实施措施。课后复习有助于学习者将已经学到的知识进行总结概括，构建成一个完整的知识体系，从而使知识真正地内化于心，完全成为自己的知识，在实际运用中得心应手。课后，教师可以在慕课平台上对学生的复习状态进行监督，及时答疑，帮助学生进行有效的课后复习。

（五）构建混合式教学模式评价体系

合理的教学评价体系对整个教学模式的运行有着重要意义。所以，慕课混合式英语教学模式的教学评价体系的构建非常重要。学生可以通过自己对课程的感受与体验，给出合理的评价，教师在接收这些评价之后，进行适当的调整，使混合式英语教学模式尽量向好的方向发展。这种评价体系的建立也在一定程度上凸显了学生的主体地位。

四、基于慕课的英语混合式教学模式的实施策略

（一）从多个角度支持混合式教学模式的实施

虽然各大高校都已经普遍接受慕课混合式教学的教学理念，但是其发展仍然处于初期，仍然面临着许多困难与阻力。混合式教学模式自身的理论基础与实践经验还有所欠缺。因此，混合式教学模式要想获得长足的发展就必须向外界求助，必须获得社会与高校的支持。第一，社会要接纳宣传信息化教学的理念，为高校办学提供一定的资金支持与政策支持，鼓励学校积极开展英语教学模式的改革，大胆创新。第二，高校自身要加强教学设施的建设，完善校园网络，使校园网络实现广泛覆盖，各个高校之间也可以进行联合，为学生提供优质的学习资源与网络学习环境。第三，在英语教师的培训方面，高校也要予以足够的重视，目前，许多教师都没有很好地掌握信息教学技术，这对信息化教学的推广来说是一个很大的障碍，因此，高校要积极组织英语教师的培训活动，提升教师的信息教学技能，鼓励教师学习新技术。教师信息化技能的提升有助于混合式英语教学模式的发展。

（二）完善现有混合式教学模式制度

混合式教学模式将线上教学与课堂教学结合在一起，因此，必须考虑两种教学模式是否能很好地融合，如果不能互相配合，那么二者的结合就不会发挥出应有的良好效果。对混合式教学模式进行完善是当前的重要工作之一。在课程的开始阶段，教师需要制订一个合理的教学方案，对线上与线下的教学实践进行合理的分配，只有这样才能顺利完成课程视频的制作。在课程的进行阶段，教师应该准确把握教学内容的重难点，有针对性地讲解，也可以借助小组讨论的方法提高学生的积极性，使学生广泛参与到课堂中。在课程结束后的课后阶段，教师可以继续借助慕课平台为学生解答问题，指引方向，引

导学生向正确的方向前进,以此达到教学的目的。

(三)完善混合式教学模式的课程评价体系

课程评价体系对一个教学模式的发展来说有着非常重要的意义。如果没有完善的课程评价体系,那么,混合式英语教学模式就很难有进一步的发展,因此,必须建立一个科学、合理的课程评价体系。教师可以根据线上、线下两个方面对学生的表现进行评价,综合各种因素最终得出一个真实的、合理的评价内容,以此激励学生继续努力学习。

第五章 线上线下融合式高校英语教学理论研究

第一节 高校英语混合式教学线上线下衔接问题

混合式教学是一种新型教学模式,能够将线上与线下进行充分的结合,从而有利于拓展学生学习的方式,提高学习的深度。目前,在大学英语教学活动中,混合式教学可以说是备受青睐,它以创新性、合理性的特点使得大学英语的课堂效率以及学生的学习成果都有着巨大的提升,但是没有什么是绝对完美的,在目前的大学英语教学中,混合式教学模式的普及以及实施过程仍然还有着很多的不足,因此加强相关方面的研究是很有必要的。对此,本节就大学英语混合式教学线上线下衔接问题进行探讨与研究。

在目前的大学英语课堂中,混合式教学还存在着很多的不足与问题,其中就包括线上线下教学衔接不到位的问题。线上线下教学衔接不到位,混合式教学的突出优势就无法得到充分的体现,混合式教学对于大学英语课堂的促进作用也会大大降低,从而无法达到其实施的原本目的,另外其也不利于加强学生英语学习的自主积极性等等。因此,根据混合式教学中线上线下教学衔接中所出现的问题以及不足进行合理的讨论与分析,并提出相应的改进策略,从而使得混合式教学模式更好地适应时代的发展,为教育事业的改革与创新做出巨大的贡献,是很有必要的。

一、加强混合式教学线上线下衔接的意义

从混合式教学模式探索的角度。加强混合式教学线上线下衔接的意义,从混合式教学探索的角度来讲,是很有必要的。因为改进混合式教学中的不足,就会使得混合式教学的探索过程更加顺利,从而混合式教学在大学英语课堂中的实际应用也会更加完善,

从而有利于促进混合式教学实现其开设的原始目的，为教育事业的探索增添一分力量。

从学生的角度。混合式教学线上线下衔接的过程倘若不够完善，学生在进行相应的学习中就会遇到很多问题，例如线上线下知识点描述不一致或者知识范围不同、线上线下教学重点不一致等等，这些问题就会导致学生在学习的过程中感到迷茫，不知到底该将学习重心放在哪一方面，从而失去其英语学习过程中的方向。同时，线上线下衔接的不一致也不利于其进行相应的拓展学习等等。因此，从学生英语学习过程中的完善性与合理性来看，加强混合式教学线上线下的衔接是很有必要的。

从教师的角度。从教师的角度来看，加强混合式教学线上线下的衔接，不断改进混合式教学的实施方式与实施过程，使其更加完善与合理，不仅仅是其所应该做的本职工作，同时也是其所担任的时代使命。另外，加强线上线下的衔接，使得教学效率得到有效提高，在减轻教师教学负担方面，对教师本身而言也很有意义。因此，教师应该不断地改进混合式教学的不足与缺陷，从而更好地实现自己的职业价值。

二、线上线下教学模式的优势

有利于改变教学模式，改进教学方法。混合式教学模式具有"双线性"，即线上线下共同教学，其通过线上线下的完美衔接与配合从而可以大大地提高教学工作的质量与水平。双线性的教学模式与以往的教学模式不同，它在其中加入了探究性、自主性以及时尚化的教学理念与教学目标，这样学生在英语学习的过程中就会有更多的机会来进行亲身实践与加强对时尚文化的了解，从而增强了英语课堂与外部世界的联系，有利于吸引学生学习兴趣。同时，作为一种新型的教学模式，混合式教学还有利于教师改进教学方法，例如由以往单纯的讲述变为线上线下共同教学的教学方式，从而有利于提高学生的知识接受效率。另外，混合式教学模式还有着完善的自主纠正功能，从而可以避免以往由于传统教学模式的局限性所导致的学生疑难问题遗留较多的情况，可以更加方便学生进行自我完善式的学习。

有利于突破传统教学的时间和地点限制。在互联网的时代背景下，由于信息的传递性与共享性，网络资源可以随时随地地进行观摩与学习，因此，在这一背景下产生的混合教学模式也具有相应的优点，即可以突破传统教学模式的时间与空间的限制，将学习的自由化与个性化进行到底。通过混合教学模式的自由化，学生可以在线上学习中随时选择进行知识的二次学习与自我纠正，从而有利于提升其课堂的自我学习效率，并且在课后的时间里,学生也可以根据自己的喜好随时随地地进行必要的拓展学习与课后练习,这就可以大大提高其学习的自主化,另外学生还可以根据自身实际情况进行完美的时间与空间的布置,从而有利于其学习环境的理想型,大大提高其自主学习效率。

有利于充分利用网络资源,提高教学质量。众所周知,随着时代的发展与人们思想层次的进步,高等院校与高端知识分子越来越愿意将宝贵的知识与经验进行分享,因此网上的优秀资源是非常多的。相较于教师根据自身经验来制作的教学内容,其往往更具科学性与合理性。所以教学过程中充分地利用网络的优秀资源是很有必要的。而混合式教学模式就可以充分地将网络资源进行整合并加以利用,从而有利于教学质量的进一步提高与教学措施的完善;另外,学生在进行相关优秀网络资源的学习中,也能够学到更多优秀的品质与本领,从而有利于其全面发展。

三、混合式教学线上线下衔接中所出现的问题

线上线下知识范围不一致。混合式教学线上线下衔接过程中所经常会出现的问题就是线上线下知识范围不一致的问题。线上线下的知识范围不一致,知识体系相差较大,就会导致学生在进行英语学习的过程中常常感到迷茫与困惑,难以将二者进行一个合理的整合与统一,从而导致其在英语学习中出现断层的情况,最终不利于其英语学习的连贯性以及英语知识的系统化的理解等等。教师在进行线上线下的教学资源的选择与整合过程中,一定要注意其知识范围的合理性,使得二者可以很好地结合与互补,从而避免学生在英语学习过程中出现知识断层的情况。

线上线下工作分配不合理。一个良好的混合教学模式,其线上与线下之间的分工与重心应该是十分突出且互补的[①]。但是很多教师由于经验不足,在进行相关的教学规划中往往没有涉及相关的考虑,因此就会出现线上线下分配不合理的情况,例如线上偏练习巩固,线下偏教导学习以及线上线下都缺少相应的教学指导等等,这种不合理的工作分配会导致的后果就是,混合式教学的双线性难以得到有效体现,从而不利于其实现其创设的原始目的;另外这也会导致学生英语学习过程的不合理性,使得其主客反置,从而不利于其英语学习的连贯性,降低其学习效率。因此,为避免上述情况的发生,教师在进行相关的工作分配时,一定要注意其合理性,并根据学生学习的实际情况进行适当的更改与调整,以使得混合式教学模式可以更好地服务于学生的英语学习。

线上线下资源重合度过高。很多教师在进行混合式教学模式时,由于过于偏重线上

---

① 李艳,韩文静.孔子因材施教的教育思想简述[J].吉林教育学院学报,2008(4):39.

的教学效果，或者不重视线下的教学目的的实现，其往往会出现线上线下选择资源高度重合的情况。线上线下资源高度重合，会使得学生在学习的过程中忽略掉线下教学或者线上教学的学习过程，降低线下教学或者线上教学设置的合理性与必要性，从而使得混合式教学模式名存实亡，彻底退化成传统的教学模式。所以这种行为是不可取的，教师在进行相应的线上线下资源的选择中，一定要注意其内容的关联性与不相关性，注重线下教学的拓展性，从而有利于充分发挥混合式教学模式线上线下双重性教学目的的施展，充分体现其符合时代发展的必要性。

线下评价机制缺失或者不完善。很多教师在进行教学的过程中，往往只注重线上教学的评价，而对于线下教学的评价机制的完善性其往往是忽略的。这就会导致学生在学习的过程中，很容易会忽略线下学习的过程，从而不利于混合式教学的双向展开与学生英语学习的完善性。因此，加强线下教学评价是很有必要的。

四、基于上述问题所提出的改进策略

基于互联网的视觉下，实行资源的合理选择。互联网时代下，尽管随着人们思想觉悟的提升，优秀的网络资源越来越多，但是相应的，一些滥竽充数或者没有价值的资源也在相应地增多，甚至比优秀的资源还要多得多。因此，这就需要教师在进行相关资源的选择过程中，一定要明亮慧眼，加强对于优秀教学资源的选择与合理归纳，从而为学生的英语学习做出更加合理的保障；同时，教师在进行线上教学资源的制作时，也应该多加进行商讨与借鉴其他优秀的教学作品，注重资源的教学质量，不能闭门造车，要具有宽容性与包容性；另外，线上与线下的资源整合也不能出现重合度过高的情况，只有线上线下的资源都足够优秀且能够互相应和，混合式教学模式才能对学生的英语学习起到更好的促进作用，教师的教学水平才能更加有所保障。

合理分配线上线下工作重心。混合式教学模式之所以分为两个教学过程，就是因为其能够充分地发挥线上的优势与线下的优势，从而使得二者可以相得益彰，更好地促进学生英语的学习。因此，线上线下的工作重心的合理分配就至关重要。教师在进行教学中心的安排时，一定要根据学生的实际情况进行调整，例如学生普遍不喜欢课上练习，那么就要把线上教学的重心放到教导培训上，线下则主要负责课后的巩固与练习等，倘若学生的自主学习性很差，那么相应的，课上的练习时间就要增长一些，线下的则主要负责相关的知识拓展等等。只有线上线下工作重心明确，工作目标相互顺承，流转起合，混合式教学模式的意义与作用才能够得到更好的体现，从而更有利于学生的英语学习。

完善线下评价机制。对于线下教学评价机制的重视不足会严重地阻碍学生的线下学习积极性，从而为其英语学习过程的完善性造成阻碍。因此，教师对于线下教学的评级机制进行合理的完善与改进就很有必要。例如对于学生视频观看的进度以及观看的时长与平均时间进行合理的考核考量，并以此为依据建立分数评价规则，为学生的线下学习过程做出合理的评价，从而有利于通过线下学习过程评价机制的完善性来增进对于学生线下学习过程中的监督过程，为学生英语学习的积极自觉性做出合理保障。

注重交流能力与团队合作精神的培养。混合式教学模式作为一种自由化比较高的教学模式，因此其发展空间与上限也是非常高的，所以教师在这种模式下就要改变以往的传统的教学思维，不要只注重知识的传授，同时还要注重对于学生交流能力与合作能力的相关培养等等，从而有利于学生的全面发展。例如教师可以在课上进行小组交流讨论、英语话剧表演以及其他等涉及交流与合作的相关课堂活动等，学生通过参与这些课堂活动，不仅会增强他们自身的交流合作能力，从而也有利于促进其之间的友谊等。

混合式教学作为一种创新性的教学模式，还有很大的发展空间，因此针对其实施过程中所出现的线上线下衔接不流畅的问题进行合理的讨论与改进，从而促使其更加合理与完善，增进其对于大学生英语学习的促进作用是很有必要的，同时，这也是我们每一个教育工作者不可推卸的时代使命。

第二节　基于教学翻译的线上线下高校英语教学设计

教学翻译一直都是促进英语教学的重要手段。但是随着信息技术的不断发展，传统教学翻译越来越无法满足新时代学生的学习需求。矛盾突出表现在教师不能及时详尽地反馈每一份翻译作业，偏重笔译练习忽视口译训练、学生机械背诵翻译内容，应付教师抽查等方面。本节认为线上笔译、线下口译或许可以成为教学翻译融入线上线下结合教学的可行途径。利用阿里钉钉等自动评阅平台，学生可以瞬时获得翻译的语法检查，教师也可以人工给予评阅。课堂上，可以组织学生视译、听译，完成课文词汇短语的检查、重要句子的讲解，有助于学生锻炼口语、提高公开演讲的能力。

运用翻译来促进英语教学，一直是大学英语教学的重要研究内容。突如其来的疫情让网课流行起来，信息技术对大学英语教学形式的革命性影响不断突显。一方面，学生对传统课堂教学的兴趣在不断衰减；另一方面，线上教学还远未成熟，作为线下教学补充形式的地位未得到根本改变。如何将翻译更好地融入线上线下结合教学，是亟须探索的重要课题。

一、教学翻译

教学翻译与翻译教学是一对非常相似的概念，穆雷明确提出了它们的区别。他认为前者的定位是外语教学，目的是检验并巩固外语知识、提高语言应用的能力，侧重语言结构的训练。而后者是翻译学的范畴，面向的是职业译员。面对非英语专业的学生，教师应该侧重选择教学翻译，提高学生语言应用能力。

从内容上看，教学翻译主要包含两大块：（1）课文翻译；（2）围绕课文编写的翻译练习。课文翻译最常见的就是从课文中挑选出一些句子，让学生在课堂上练习。而编写的练习题常常用作课后作业，计入平时成绩。显然，这种训练的主要目的就是反复训练学生对语言点的掌握。翻译内容多出自课文，较少涉及时事。从形式上看，教师在日常大学外语教学中更依赖笔译，如课后习题、四六级试卷的段落翻译等，较少涉及口译。从方法上看，主要是教师布置作业，下次课检查或者上交教师批改，学生往往反复酝酿，把翻译作业做成了背诵作业。

传统教学翻译多在线下进行，暴露出了许多问题[①]。首先，巨大的人工批阅成本让学生从教师处获得的反馈有限，教师不充分或不情愿批改的现象比较普遍。其次，传统的课堂检验方法很容易促使学生背诵翻译，将词汇语法练习变成了记忆练习。其次，学生的视听说技能往往无法得到锻炼，无法弥合与市场需求的差距。面对这些问题，本节认为教学翻译应当同时包括口笔译。笔译可以锻炼学生反复锤炼译文的能力，而口译则可以锻炼学生的口语能力、提升自信等交际能力。本节提出线上笔译、线下口译的教学设计，将教学翻译充分融入线上线下结合教学来弥补上述不足。

二、线上笔译

线上笔译可以依托具备自动测试功能的平台，比如 itest，iwrite。这类由出版社提供技术和内容支持的平台和教材结合紧密，方便教师使用教材资源布置笔译练习。缺点是必须购买服务，而且没有移动客户端。一些移动办公软件恰好可以弥补这些不足，比如阿里钉钉。钉钉新上线的学习圈功能，配备了可以自动批改作业的"英语作业"小程序，主要功能就是以句子为单位批改语法错误，这恰好契合教学翻译的主要目的。通过多次模拟测试，作者发现"英语作业"的批阅结果主要分成三种类型，红色的语言错误，绿色的好词好句，黄色的警告、提示性内容。阿里钉钉使用的自动评分算法能精准识别绝大部分错误，并给出具体错误类型，比如动词错误、词性错误等。这可以极大地缓解教师需要批阅大量作业而反馈不细致或干脆不反馈的现实矛盾。

线上笔译的训练内容也应超出课文或配套练习。一方面经过多年循环使用，学生很容易获得参考答案而降低训练效果，另一方面广泛涉猎各类题材是大学外语教学的本质要求。因此，教师可适当增加课外内容。

三、线下口译

线下口译利用课堂时间完成。口译的形式多种多样，为了更好达到大学外语教学的目的，可以采用难度较低的形式，如视译、单句口译等。线下口译的内容可以是教材的句子，或者课后习题，教师也可以添加一些口译中常用的句型作为补充，满足市场对学生基础口译能力的需求。大学英语学生的记忆能力无法和英语专业或翻译专业学生相比，也无须达到这个要求，因此线下口译可以更加注重视译。学生可以边看材料边输出

---

① 刘英爽.国际化背景下大学英语跨文化教育的瓶颈和转型趋势[J].教育评论，2016(7)：115-117.

翻译，既达到了训练的目的，又可以锻炼学生的口语表达、公开演讲的能力。视译的内容也可以更加丰富。比如将传统的单词听写变成视译练习，教师将重点单词和短语投屏，学生进行即时的口译，也可以设置时间限制，比如利用PPT等软件的定时换页功能，规定学生必须在一定时间内完成视译。当然也可以挑选学生进行单句听译，或者组织学生在课堂互相进行听译，教师分组进行监督。

　　线上线下结合教学方兴未艾，有线上教学不断加强、两者不断融合的趋势。本节提出了线上笔译、线下口译的线上线下结合教学设计。依托自动评阅平台，教师可以开展线上笔译，过去无法照顾每一位学生的困难迎刃而解。课堂开展线下口译，帮助教师充分引导学生参与课堂教学、引导学生注重口语表达。

第三节　高校英语线上线下翻转式教学实施路径探索

互联网技术与教育的深度融合，催生了"互联网+"背景下线上线下翻转式教学模式。这种新教学模式促进了教育资源均衡化、教学方法科学化、学习个性化。线上线下翻转式教学是大学英语教学改革的一项重要的探索和尝试，能较好地发挥在线教育和传统教育的优势，增强学生的学习主动性，形成"教学相长"的良性循环。

随着互联网、云计算、大数据等技术的发展和普及，人类社会已经步入"互联网+"时代。互联网技术与教育的深度融合，催生了翻转课堂、微课、慕课等教学模式，这些新的教学模式对教育者和学习者提出更高的要求和希望，促进了教育资源均衡化、教学方法科学化、学习个性化，提高了教育质量和教学效率。2007年教育部颁布的《大学英语课程教学要求》明确指出，新的教学模式应以现代信息技术特别是网络技术为支撑，使英语教学朝着个性化学习、不受时间和地点限制的方向发展。"互联网+"时代新的教学模式对培养学生的英语应用能力和自主学习能力有着积极的创新意义。

一、大学英语线上线下翻转式教学的现实需求

近年来国内高校大幅度削减大学英语课时，使得广大英语教育工作者面对一些新问题：如何将有限的课内时间与大量的课外时间有效结合；如何将英语学习从课堂延伸到课外，从线下拓展至线上；如何构建一个网络立体式学习空间和学习平台。解决这些问题是当前大学英语教学改革的重点。

在"互联网+"时代，现代信息技术广泛应用于大学英语教学，不但使教学手段实现了现代化、多样化，而且促使教学理念、教学形态发生变革。线上线下翻转式教学模式在大学英语教学上的运用，满足了信息时代网络化教学的需求，极大地丰富了教学内容，拓宽了教学路径，也加速了学生学习角色的转变。

基于网络资源的英语教学，能灵活地给予学生明确指令和学习任务，组织学生进行线上自主学习、探究认知，线下提出问题、讨论结果。与传统教学相比，线上线下翻转式教学将原本的教学秩序进行了翻转和重置，能较好地调节学生的个性差异和学习进度，

最大限度地增加学生的碎片化学习时间，让学生更好地进行自我感知、自我认知和自我内化。

二、大学英语线上线下翻转式教学的路径构建

学习用户群构建。学习用户群是由不同个体基于学习过程中的协作交流和相关学习资源的使用而建立起来的网络学习群体或社会认知群体。学习用户群源于"虚拟社区"概念。"虚拟社区"概念由社会学家瑞格洛德于1993年率先提出，意指由一群通过计算机网络连接起来的突破地域、时空限制的人，通过网络彼此交流、沟通、分享信息与知识，形成具有相近兴趣和爱好的特殊关系网络，最终形成具有社区意识和社区情感的社群。

学习用户是构建网络学习系统的第一要素。在线上、线下环境中，凡是接触、了解、使用、传播、讨论有关大学英语各类学习资源的学习者、交流者、参与者，都可以称为学习用户或用户群。学习用户群提倡的是"人人教、人人学""处处教、处处学""时时教、时时学"的新型开放式学习模式，用户既是学习者又是教学者，既是学习资源的消费者又是学习资源的供给者、生产者和管理者。在"互联网+"学习环境中，教学内容并不限于文本知识，学习用户可以进入语言学习的开放环境，通过网络学习平台，参与学习交流活动，获取学习资源，完成学习任务。

线上学习平台构建①。互联网的快速发展为线上学习提供了可靠的外在条件。加拿大拉瓦勒大学教育学院教育技术部主任迈克尔·鲍尔（Michale Power）指出，网络在线教学平台实际上就是供学习用户群体获取资源、交流沟通、开展个性化学习和自由发声的场景。这个场景是开放式的，为学习者的学习和教师的教学提供环境支持。教师借助平台推送学习资源、构建学习模式、开发学习终端，尽可能满足学生的学习需求，尤其是非正式学习和微学习或碎片化学习的要求。构建具有生成性、开放性、联通性、智能性、微型性等特征的网络在线学习平台，能有效解决线下学习资源不足和缺乏真实交互语境的问题。

超星尔雅、超星云课堂、智慧云、爱课程、雨课堂、蓝墨云班课等都是基于线上学习而开发的学习平台。这些学习平台具有易学、易用、易管理等特点，为学习者提供了实时互动的硬件条件，构建了线上线下教学的自媒体交流渠道；采用"线上观看学习+线下讨论测评"的翻转课堂形式，实现了多元化、多模态混合式教学。在这些平台上，

---

① 王汉英，胡艳红，徐锦芬. 美国康奈尔大学外语教学观察与思考[J]. 教育评论，2015（7）：165.

教师利用提问、讨论、纠错、问卷、评价、头脑风暴等教学形式，和学生进行线上互动交流。

线上线下学习资源库构建。无论是线上还是线下，学习资源都是教学活动中的核心要素。线上学习资源，除传统学习资源外，还有在线可随时获取的网络学习资讯，以及数字化资源、移动学习资源、微型学习资源等内容，它们以文字、视频、音频、动漫、图表、数据等形式呈现，其中微型化或碎片化学习资源应用广泛。线上学习资源是大学英语课程在线学习的一个重要载体，在线学习内容丰富、形式多样，具有情境性、交互性、即时性、动态性等特点。课程的学习资源建设应坚持"学生为本""实用为主、够用为度"原则，满足网络环境下碎片化学习以及非正式学习的要求，使学习者在不需要花费太多时间的基础上，可以轻松愉悦地掌握某一知识要点，弄懂一个内容片段。

在"互联网+"环境下，大学英语在线课程要利用网络优势，以项目任务为引导，将语言知识、语境描述、语言技能融为一体，动态展示课程学习内容，将语言运用、提问讨论、句型提炼、拓展实践等内容，以微课短视频、文字图片、主题音频、PPT课件、画外音讲解、练习题库等形式呈现给学习者。为了激发学习者的学习兴趣、维持他们学习时的连续注意力，学习内容的设计要遵循低认知负荷原则，做到内容容量小、片段时长短，一个微课就是一个学习点，保证资源的颗粒化和碎片化，方便学生在课后的零散时间里学习和观看。

线上线下教学流程构建。学习已经不仅是为了掌握知识本身，更重要的是掌握学习的方法和获得知识的途径，以及形成知识与人相互作用、相互交织的网络。任何行之有效的教学模式、教学方法都离不开教师和学习者的参与和投入。线上线下翻转式教学流程分为课前、课中和课后等三个阶段。（1）课前：知识传递阶段。教师在课前根据教学内容，制作和创建线上学习资源，包括微视频、微音频、文本等与课程相关的资料。通过网络传输、推送学习资料，发布平台资讯，供学生点击浏览。学生通过观看，了解学习内容，完成课前预习任务，并提出相关问题。（2）课中：内化扩展阶段。学生针对课前预习的内容，展开线下学习，进行全班讨论或分组讨论。其间，教师听取学生交流，答疑解惑，对学习内容的重点和难点进行讲解、分析和提炼，并且对学生的学习成果给予点评和指导。这种线下学习模式改变了学生"依赖教师灌输"的学习状况，使学生的学习变得更主动、更有个性，既有助于知识的内化，也有助于培养学生的批判性思维能力。（3）课后：成果固化阶段。教师在章节教学结束后，对学生的学习进行全面评价和总结，反馈上一阶段的学习情况，布置下一阶段的学习任务，并将优秀作业（作品）制作成范例，供学习用户群体观摩。

线上线下翻转式教学，以网络教学平台为载体，以培养学生的英语综合应用能力为目标，以彰显听说能力为前提，以视听说促阅读，以阅读促写作，突出教学的规范性和创新性。翻转式教学要求学习者养成自主学习的良好习惯，从确定主题、寻找素材、提出疑问到探究学习、完成任务，全程自主、自愿、自律。教学评价也体现了多元化原则，需结合学生线上参与程度、学习的主动程度、完成线上线下作业的正确程度，以及期末考试成绩等具体情况进行最终的综合学业评价。

三、实施大学英语线上线下翻转式教学的可行性

"互联网+"背景下的线上线下翻转式教学在实践中产生了令人满意的结果。这种教学模式是大学英语教学改革的发展方向和必然趋势。

学生的网络信息需求使线上线下翻转式教学成为可能。学生对线上学习非常有兴趣。线上学习具有丰富的在线资源、生动的媒体手段、便捷的互动交流、超时空的学习机会等优势，使当代大学生通过互联网自主学习、个性学习的意愿更加强烈。学生对网络信息的需求是多元的、全方位的，表现为综合化和个性化，资讯信息在学生平时的学习和生活中发挥着越来越重要的作用。他们除了学习本专业知识外，还需要了解更多英语方面的综合知识，并且将分散的英语知识融会贯通，构建个性化学习数据库，扩大对英语知识的学习及应用范围，完善语言学习的认知架构，从而提高英语应用能力、文化素养和品位。学生希望从大量的一般性信息需求满足转向对解决问题起关键性作用的高效的信息需求满足，通过教师的指导，培养并提高他们的针对性学习能力，满足高层次学习的需求。大多数学生非常认可线上线下翻转式教学模式，认为网络教学平台能提供丰富的知识，并且愿意主动去学习，参与学习用户群里的互动交流。

教师的技术素养使线上线下翻转式教学成为可能。翻转课堂教学模式的成功实施离不开高素质的一线教师。教师的学科素养、教育教学素养、信息技术素养及教育智慧等，共同决定了翻转课堂教学质量。教师的现代化技术素养直接关系到他们能否熟练操作网络教学平台，能否熟练上传和更新学习语料，能否熟练调用其他学习平台上的资源和数据，事关"交互式"的教学和管理能否实现。具有较高技术素养的教师能轻松驾驭现代媒体，将线上教学作为常态化工作模式，能不断更新教学理念，灵活运用教学方法，动态提供教学信息，个性化定制教学内容，满足学生的多样化学习需要，跟上现代化教学

改革的节奏。在翻转课堂教学模式下,教师的角色已从知识讲解为主转向答疑解惑为主,从注重学生对知识的理解转向重视学生高层次思维能力的发展和综合素质的培养,从面向学生全体转为面向学生个体。更重要的是,有效实施大学英语线上线下翻转式教学模式,是新时期教师专业成长的重要途径之一。

现代技术的高速发展使线上线下翻转教学成为可能。随着网络通信技术和互联网技术的快速发展,高校实施线上线下翻转式教学成为可能。先进的技术和完善的硬件设施,为互联网线上学习的开展创造了良好的条件和时机。大学校园网、Wi-Fi全覆盖、数字化校园和智能型园区建设以及智能手机的普及,为线上英语学习提供了可靠的支撑条件。线上教学是一种借助移动设备,能够在任何时间、任何地点进行教学的方式,所使用的移动设备必须能够有效地呈现学习内容,并且为教师和学生提供双向交流通道,保障在线学习和互动的畅通。利用网络教学平台,学习者可以方便地对学习时间、地点和方式做出个性化的选择,开展动态的自主学习。大学英语线上教学在呈现真实场景、微课视频、动画片段、音频演播等教学内容时彰显了交互式媒体的优势,确保自主学习过程的互动性、趣味性。大学英语在线学习平台提供了过程评价和结果评价相结合的智能型教学评价工具,支持灵活的评价策略,能实时提供学生学习、教师教学和教学过程的量化数据,有效推动了线上教学的开展。

线上线下翻转式教学使培养学生的自主学习能力成为可能。线上线下翻转式教学是培养学生自主学习能力的重要手段之一。在大学英语教学中,这种翻转式教学模式要求学生有较强的自控能力,这是提高学生自主学习能力的关键所在。线上线下翻转式教学是一种逆向的授课方式。它的逆向表现在以下环节:(1)课前,学生对所学内容先观看、先自学、先记录、先认知;(2)课中,教师不刻意讲解全部内容,而是通过活动环节的设计,答疑解惑,给予个性化点评和纠正,再提出新的任务。线上线下翻转式教学强调个性化教学与自主学习相结合。学生在教师的指导下,根据自己的学习特点和水平,选择合适的学习内容、学习方法和学习时间,自愿参与网上学习论坛,自主进入虚拟教学课堂。这样的自主学习氛围能潜移默化地培养学生良好的学习习惯和学习能力,有助于学生较快地提高英语综合应用能力,获得最佳的学习效果。

大学英语线上线下翻转式教学模式吸引了越来越多的教师和学生。线上、线下教学形式各有优缺点,在大学英语教学实践中将线上教学与线下教学相结合,进行教与学的翻转,能够实现两种模式的充分互补,因此,受到广大教师和学生的肯定。

网络教育方式能弥补线下教学模式中学习资源不丰富的缺点。互联网中丰富的信息资源提高了教学内容的深度和广度，为学生创造了更多的学习机会，提供了更便捷的学习途径。但是，海量的网络信息有时也会分散学生的注意力，使学生对必须完成的学习任务关注不够；教师也难以控制学生的线上学习进程和学习效果；学生长时间观看手机播放的教学视频和微课，也有可能失去学习兴趣。因此，大学英语教学还是不能忽视面对面的课堂教育和一对一的师生沟通，线下教学有助于解决线上学习碰到的一些问题。

线下教学具有实时互动性，教师可以随时关注学生的课堂学习情况，随时调整教学方法，学生在观察同伴的过程中开展交互学习。英语学习离不开场景的感知、同伴的交流、文化的渗透以及思维情感的体验，离不开以知识为载体的现场互动教学。当然，线下教学也有不足，如学习资源多是枯燥的文本资料、学生只能跟着教师的节奏学习、一堂课结束后无法回放教学过程等。课堂上，教师要顾及大部分学生，难以做到面面俱到，不可能始终考虑所有学生的个性化需求。

教师开展大学英语线上线下翻转式教学，必须透彻把握教学理念，细致规划课程方向，明确线上学习目标和线下教学目标，提出具体的教学要求。教师要结合大学英语课程的教学任务，不断增加新的资源，上传新的微视频、课件PPT、文字资料以及链接等，以充实和更新学生在线学习的资源库，保证学习内容的新颖性、时效性、实用性。总而言之，线上线下翻转式教学改革较好地融合了在线教学和传统的课堂教学模式，能够有效调动学生的学习主动性，实现"教学相长"的良性循环。线上线下翻转式教学有待广大教师在大学英语教学中不断深入探索。

第四节　线上线下协同教育模式下英语课堂学习焦虑

本章关注"互联网+"时代背景下线上线下协同教育模式中英语课堂教学中学生们出现的焦虑现状，分析了导致英语课堂学习焦虑的原因，并提出了降低英语课堂学习焦虑的若干策略，为英语教学提供可操作性的建议。

人类的生产与生活，因为互联网技术的飞速发展产生了深刻的变化。李克强总理在2015年的政府工作报告中首次提出了制定"互联网+"的行动计划。这个"+"，意味着互联网将与各个产业相融合，产生新的运行模式，推动各行业的发展与创新。"互联网+"带来了一场全新的信息革命，成为各个产业改革的动力。"互联网+"教育意在借助以互联网技术为代表的现代教育技术力量推动教育改革。"互联网+"教育为教育行业带来了巨大的变革和创新，传统的教育模式和教育观念正面临前所未有的冲击和挑战，这是时代发展的必然，也是教育发展的新方向。

一、"互联网+教育"的背景与内涵

《教育信息化十年发展规划（2011—2020年）》中明确提出"扎实推进信息技术与教育的深度融合，实现教育思想、理念、方法和手段全方位创新"。2015年7月，国务院颁发了《关于积极推进"互联网+"行动的指导意见》，其中明确提出"要鼓励互联网企业与社会教育机构根据市场需求开发数字教育资源，提供网络化教育服务。鼓励学校利用数字教育资源及教育服务平台，逐步探索网络化教育新模式，扩大优质教育资源覆盖面，促进教育公平。鼓励学校通过与互联网企业合作等方式，对接线上线下教育资源，探索基础教育、职业教育等教育公共服务提供新方式。推动开展学历教育在线课程资源共享，推广大规模在线开放课程等网络学习模式，探索建立网络学习学分认定与学分转换等制度，加快推动高等教育服务模式变革"。从中我们不难看出，教育行业与互联网的融合，是一种创新的思维方式，这会产生一种创新的教育形态，也会为教育改革带来了机遇。"互联网+"教育涉及多领域多方协同共建，对教育的改变也将是多层次的。陈丽教授将"互联网+"教育定义为"特指运用云计算、学习分析、物联网、人工智能、网络安全等新技术，跨越学校和班级的界限，面向学习者个体，提供优质、灵活、个性化教育的新型服务模式"。随着教育信息化的推进,我国教育在基础设施建设、软件资源与师资培训等方面发展迅速。云计算、移动互联、大数据和人工智能等技术在教育领域的应用不断深化。微课、慕课等教学网络平台的开发,翻转课堂的利用和智慧校园创建,也使得教育的方式呈现多样化、个性化和泛在化。

二、线上线下协同教育

线上学习资源的多样性。互联网时代网络与科技的高速发展丰富了人们的学习方式。网络中充满了各式各样海量的信息,这些信息的传播没有时间和空间的障碍。先进的科技也给学习者带来了新鲜的多感官全方位的交互体验,在线学习作为一种新的学习模式为越来越多的学习者接受并使用。目前互联网上的线上资源有微课、慕课(MOOC)、私播课(SPOC)。2016年被称为"知识付费元年",知乎、果壳、喜马拉雅FM、得到等无数个知识平台诞生,知识付费的用户迅速增长。

现在高校中应用较为广泛的是微课和慕课。我们给"微课"(或者称为"微课程")的定义是:"微课程"是指时间在10分钟以内,有明确的教学目标,集中说明一个问题的小课程。微课短小精悍,主题突出,在教育领域得到快速的传播和广泛的应用[①]。教育部全国高校教师网络培训中心平台上展示了上万件制作精良的微课作品,推动了高校教师专业发展和教学能力提升,促进信息技术与学科教学融合,搭建了高校教师教学经验交流和教学风采展现的平台。大规模在线开放课程(Massive Open Online Cource)简称慕课(MOOC),发端于美国。2012年,"MOOC元年"开启之后,慕课迅速在全球升温。据不完全统计,截至2017年8月,全球慕课数量达到6000门,中国的慕课数量达到1700门。

爱课程网上推出了中国大学MOOC,中国职教MOOC,中国大学选修课等若干的线上开放课程。江苏省教育厅也与爱课程网站共同创建了江苏省高校在线课程中心,这个在线教学平台目前已有本科类课程346门,高职类课程133门。其高职类课程中上线了我校多门课程,如《设计素描》《建筑结构》《建筑装饰施工图绘制》《钢结构工程施工》《混凝土结构施工》《实用英语Ⅰ、Ⅱ》《思想道德修养与法律基础》等。2018年我校的《建筑装饰施工图绘制》与《钢结构工程施工》被教育部认定为国家精品在线开放课程。另外,我校还与超星公司合作建设了本校的网络教学平台,用以展示我校近年来的校内竞赛获奖的教学微课作品,以及各个二级学院的教师团队制作的在线开放课程,便于我校教师

---

① 秦秀白,张凤春.综合教程3(学生用书)[M].上海:上海外语教育出版社,2014.

学习观摩和学生们的导修辅学。

我校在爱课程网上推出的省级在线开放课程《实用英语》（I、II），是为我校公共基础课《大学英语1》和《大学英语2》制作的配套线上课程，授课对象是大学一年级学生，在第一学年的两个学期进行，每学期持续15周。在线开放课程制作与讲授，皆由本校担任这门课程的中青年任课教师承担。他们身处教学一线，积累了一定的教学经验，熟悉教材，并且信息素养较高，可以利用信息技术与课程进行整合。每一个单元的课程根据单元框架结合教学目标，教师团队制作了若干个长短约十分钟信息集中、重点突出的微视频和课件。学生不仅可以观看微视频，还可以查阅内容翔实的课件。《实用英语》在线开放课程为学生提供了生动多元的文化环境，有利于学生进行课前预习，线上师生和生生交互讨论，课后练习与测试。在线开放课程的使用为学生们提供了优质资源，剔除了信息冗余，提高了学习质量和学习效率。

线下课堂教学的不可取代性。慕课以新型的教学理念为基础，借助互联网发展和移动智能技术之长，迅速发展成为高校教学中一种常用的教学模式。而慕课的发展并不能取代传统的线下课堂教学。线上的慕课与线下的课堂教学相结合，优势互补。

首先，课堂教学中教师的衣着、身体语言、眼神的交流，对于学生们来说，都是无形的信息，这无疑是言传身教的魅力。这是在线观看视频，对着冰冷的屏幕观看数字资源无法得到的。

其次，线上的数字资源提前制作，具有时间短，针对性强的特点。但它无法根据学生们现有状态随时做出调整。课程的教授应以学生为中心，符合学生现有的需求。而课堂教学则可以根据学生的状态灵活机动随机调整。

再次，线上资源时间短，呈现碎片化趋势，无法针对某学科中的某项知识进行系统的梳理，从而让学生有"只见树木，不见森林"的感觉。而课堂的教学时间相对较长，教师能带领学生对某个知识点进行系统有条理的梳理，更利于学生知识系统的建构。

线上线下协同教育构建英语课堂。2018年11月教育部高教司吴岩司长在第十一届"中国大学教学论坛"上题为"建设中国金课"的报告中指出，要充分重视课堂教学这一主阵地，努力营造课堂教学热烈氛围。要合理运用现代信息技术手段，积极推进慕课建设与应用，开展基于慕课的线上线下混合式教学。我校一贯重视在线开放课程建设与应用工作。先后立项建设高清录播室、智慧教室等现代化教学场所。教务处对课程平台进行细致规划，对课程建设做好精准服务。采用项目立项模式，构建国、省、校三级在线开放课程建设体系，明确课程建设目标、课程建设流程和保障措施，组织课程建设研讨会，提升在线开放课程建设的水平和质量。截至目前，我校在课程平台上线的在线开放课程已有 200 余门，单门在线课程最高访问量超过 560 万人次，有力地推动了线上线下混合式教学等教学方式变革。

线上平台提供的丰富资源，智慧教室的推广应用，使学生学习知识的方式与学习环境发生悄然的变化。如今中国在线教育用户总数突破 2 亿人。统计显示，微信等热门应用程序是中国学生接受线上教育的重要途径，通过智能手机接收在线教育服务的用户比去年增加 63.3%，约占用户总数的 96.5%。

教学模式和教学环境的创新，也使课程评价随之发生改变。我校大学英语的考评方式从原来的 30% 平时成绩 +70% 期末卷面成绩调整为 30% 平时成绩 +20% 慕课平台学习反馈 +50% 期末卷面成绩。这种创新型的多元化综合评价有诸多优点。教师对于学生学习过程观察性考核可以客观地反映学习者的学习态度，教学网络平台的测试数据详细客观地记录了学习者的学习状况，而期末考试闭卷统考的终结性测试则侧重于学生真实学业水平的考查。

三、线上线下协同教育模式下的英语课堂学习焦虑现状

以互联网、云计算、大数据等为代表的现代信息技术，已然对教学方式、学习方式、学习资源、学习环境、师生关系等产生了重大影响。随着科技的不断进步，网络覆盖校园，智能终端进入课堂。学生获得知识的途径多元化，教师利用网络采用线上线下协同教育模式。但课堂教学中学生的学习焦虑却依然存在。课堂中经常会出现"尴尬的"沉寂和"低头族"现象。教室里容易和老师产生互动，得到老师关注的座位成为边缘座位，如距离讲台较近的前几排和过道两边的座位，通常这些座位都会成为闲置座位。因距离和设置而产生交流障碍和关注度较弱的边缘座位反而成为抢手座位，如教室后排座位和靠墙的座位，以及教室中间因课桌联排老师无法进去的座位。另外，课堂问答环节，学生会因羞涩、紧张、害怕而低头或挠头的动作，回答问题声颤或音小，甚至有些学生会手心冒汗，心跳加速。联通主义认为，焦虑情绪是影响学习者建立主题和课题连接的六因素之一。这也与美国语言学家 Krashen（1982）提出的情感过滤理论不谋而合。他的二语习得理论影响了各层次综合英语教学的发展。Krashen 也认为，当在没有焦虑的环境下，有足够的机会有意义地运用目标语时，最有利于二外习得。而上述这些课堂现象都是学生在英语学习过程中焦虑情绪的体现，无疑会对其英语学习产生负面影响。

四、协同教育模式下降低英语课堂学习焦虑的策略

学校管理层面。学校管理层面应建立全面科学的课程评价体系，这对于学生的学习有着良好的反拨作用，能够促学促教。课程评价内容不仅要将课程的知识特点与人才培养模式相结合，还要考量"互联网+"背景下线上线下相结合的协同教育模式，科学地划定线上课程和线下课程的考评权重。虽然我校的学生总评成绩已经随着教学方式的改变做了一些调整，将在线开放课程也纳入考核的范围。但考核评价主体相对单一。考核的主体可包括教师、学生群体、学生个体和数据平台这四个方面。学生群体的评定有利于促进团队合作，确定平时团队项目中学生个体的贡献。学生个体自评引导学生加强个人反思。目前数据平台的数据只有在课程结束时才反馈给教师。数据平台数据的滞后反馈造成教师对于学生线上课程学习情况不甚了解，学生出现的倦怠情绪和学习中的问题得不到关注和解决。因此要利用网络的即时性，及时将数据反馈给教学双方。

另外，考核评价体系的构建应基于课程教学模式和人才培养模式，充分考虑到学生地区差异和个性化差异，尤其是要考虑到新生的适应性问题。大一学生在报考的江苏省高等学校英语应用能力考试（三级）时，A级和B级可以自由选定。对于报考较难的A级的同学可以采用单项奖励，或奖学金评定中单项进行加分，或者采用免修一门公共选修课程的方法进行鼓励。并且二级学院要定期阶段性地组织师生教学研讨促进会，保持师生间教学反馈渠道畅通，使问题可以及时得到关注与处理。

教师层面。首先，教师应树立主导-主体相结合的教育思想所倡导的教学观念，既要吸纳传递-接受的优点，又要吸纳自主探究的长处，即在奥苏贝尔教学理论和建构主义学习理论指导下形成的有意义的传递与教师主导下探究相结合的教学观念。对于教师设置的任务，学生们有些可以积极参与，也有些会消极不合作。课堂上出现这种现象，教师要善于调节自我情绪，不能武断地、机械化地统一要求。每个学生都是独立的个体，基础差异和个性差异客观存在。这种现象在所难免，不必强行要求所有学生全情投入全部完成。教师要尊重学生的个性，注意维护学生的自尊。教师要能够转变角色，以学生为中心，及时体察到学生的隐形情绪，加强对男生群体的关注。教师的纠错一定要考虑环境和方式方法，在纠错的同时也许考虑到学生所付出的努力。适时更新教学理念，多反思教学环节，灵活机动地采用多种授课方法，以减少焦虑情绪，调动学生的积极性，保持通畅的师生交流与和谐的师生关系。

其次，教学媒体的变化最明显，而教学方式的变化相对缓慢。在线课程的设计不能是课堂讲授的照搬。那样仅仅是"换汤不换药"。基于网络的联通模式为合作探究与分布式认知发展创造了条件，联通主义学习正好体现了"从关系中学、从合作探究中学"和"分布式认知"等全新观念。可见，这种教育环境有利于合作精神与合作能力的培育与成长。教师应精心设计在线课程的教学内容，为学生搭设脚手架，给学生们的合作学习与知识体系建构创建良好的基础。

再次，教师在增强信息素养的同时，还要注重对学生信息素养的培养，以适应线上线下协同教育的教学模式。教学中教师不仅要关注结果，更要注重过程的引导，可以利用智慧教室中的投屏功能，不仅可以向学生展示教学课件，还可以投放教师的手机屏幕。这样教师可以示范并指导学生利用手机学习软件，搜寻相关的信息。教师教授的就不仅仅是语言点和某个知识点，而是展示作为学习者知识获取的途径。这样学生学习到的就不仅仅是某个课程中的知识点，而是逐渐学会遇到相似的问题如何在互联网上寻找解决问题的方法，逐渐培养学生甄别信息，获取优质资源的能力。

学生个人层面。首先，学生应逐渐学会自我心理的构建和调适。可将大目标划分为小目标。本学期大目标如大学英语三级考试未过，但小目标的完成也是自我的成长标志。虽然没有拿到奖学金，可是考试中没有挂科。或者虽然挂了科，但是没有作弊，经受住了品格的考验，内心坦然。挂科并不意味着人生的失败，可以通过补考或者重修来弥补。面对生活中的不如意，要学会自我鼓励和心理调适，不和自己或他人找别扭。开阔心胸，增长自信，坦然积极地面对生活中的困难。

其次，学生应发展批判性思维，加强自控能力。现代知识社会中，充斥着各类信息。互联网是双刃剑，提供了很多的信息资源。但其中也充斥了很多劣质的资源。但是如何对信息进行去伪存真，去粗取精获取优质信息，这要依靠自己的批判性思维，多问自己问题，多和同学探讨，多向老师求教。"学问"就是靠问询、讨论、比较才能学到的。同样，智能手机进入课堂，不少"低头族"因自控能力差，未能抵抗手机娱乐诱惑，智能手机反而成为课堂专注听讲的障碍。

另外，学生应加强信息素养提高自主学习能力。"互联网+"时代要求学生具备一定的信息素养，以适应新型的学习方式。不少学生尚未改变依赖的心理。

父母的支持。进入高职院校，学生来自天南海北，任课教师几乎接触不到学生家长。可以通过辅导员与父母搭建的沟通渠道，及时反馈问题。不仅可以使家长对学生的生活多些了解和关注，亦可对于学生克服课堂焦虑的起到积极作用。

随着人本主义心理学的发展，我国外语教学的中心逐步从教师、教材转向学生，第二语言习得焦虑越来越受到研究者的广泛关注，对于该领域的研究呈动态增长趋势。但国内对于英语课堂学习焦虑的研究对象多集中在英语专业的本科及研究生群体，或是非英语专业本科生群体。我国大学生总数中高职学生约占一半，而这部分群体的英语水平偏低，学习焦虑现象较为普遍。大学英语是高职高专院校学生必修的基础课程。并且，英语成绩的高低决定专科学生将来能否通过参加"专转本"或"专升本"考试，升入本科院校接受学历深造。因此，研究高职高专院校大学英语线上线下教学模式中英语学习焦虑现状，可以为一线教师提供理论依据和实践参考，帮助解决学生们目前所面临的学习困难，从而有效提高英语教学的质量。

第五节　基于 MOOC 的高校英语"线上线下"混合式教学

在信息技术时代背景下,"线上线下"混合式教学模式应运而生。目前大学英语混合式教学仍停留在传统的以教师为中心的教材配套资源+课堂教学的模式,但在"互联网+"背景下,混合式教学模式应依托优质的网络教学平台作为创新发展的基石。文章基于 MOOC 平台,在剖析我国高校大学英语"线上线下"混合式教学模式现状的基础上,构建出适应于大学英语课堂的"线上线下"混合式教学新模式,指出开展混合式教学模式的内外保障条件,以期为高校大学英语"线上线下"混合式教学模式提供新思路。

在信息技术发展的推动下,逐渐涌现出诸多新的学习环境与学习方式,基于互联网环境下的教育思维、理念、方法也在推陈出新。国家高度重视信息化教育教学工作,先后制订《国家中长期教育改革和发展规划纲要(2010—2020 年)》《教育信息化十年发展规划(2011—2020 年)》《教育信息化"十三五"规划》《教育信息化 2.0 行动计划》等一系列文件。由此可见,扎实推进教育信息化发展,是新时代下我国教育改革发展的重要战略选择。

《教育信息化 2.0 行动计划》中提出:"提升慕课服务,汇聚高校、企业等各方力量,提供精品大规模在线开放课程,达成优质的个性化学习体验。"MOOC(massive open online courses)就是在信息技术背景下新时代的产物,它开启了"互联网+教育"的新模式,突破传统的时间、地点、空间的限制,提供一种全新的学习方式和多元化知识传播模式。而"线上线下"混合式教学模式,是将网络在线教学与传统线下教学的优势结合在一起,通过两种教学组织形式把学习者的学习引向深度学习。

大学英语作为大学通识教育的基础课程,对当代大学生的未来发展与英语创新思维的培养具有现实意义和长远影响。本节基于大学英语课程混合式教学模式的教学现状,将"线上线下"混合式教学与优质的 MOOC 网络教育平台互动融合发展,构建出基于 MOOC 的大学英语"线上线下"混合式教学新模式,营造以学生为主体的多元化大学英语课程教学环境,并提出高校大学英语课程开展混合式教学模式所需的保障条件,以期为高校大学英语课程混合式教学提供借鉴,培养出具有国际视野的大学英语人才,帮助学生在大学英语课程中朝着自主学习和个性化学习的方向发展。

一、基于 MOOC 的大学英语混合式教学现状

（一）基于 MOOC 的大学英语混合式教学成效

1. 大学英语课程教学活动主体的转变

在大学英语混合式教学的线上教学阶段，学生通过课前观看教师上传的 MOOC 教学视频来进行自主学习，教师在 MOOC 平台中针对学习者线上自主学习提出的问题进行答疑解惑，不仅加强了师生的互动，而且帮助学习者在大学英语课程中由被动到主动参与教师教学活动的转变。在大学英语混合式教学的线下教学阶段，教师改变传统大学英语课堂中填鸭灌输式的教学方式，转变为以学生为中心，多种课堂教学活动并存的授课形式，大学英语课程由"教—学"转变为"学—教"的模式，真正做到以学生为主体开展大学英语教学活动。

2. 大学英语课程教学效果的提升

基于 MOOC 的大学英语混合式教学为学习者提供了个性化学习的可能，突破了传统大学英语课堂缺乏互动教学、统一进度教学的局限性，实现了参与式、探究式、自主式学习方式，为大学英语课程增添了趣味性，提高了学习者的学习兴趣，从而产生教学共振。以往的大学英语课程无法做到兼顾每一位学生的英语学习状态，而现今学生在 MOOC 平台中可以按照自己的节奏进行线上课程的自主学习，教师通过 MOOC 后台掌握各班级学生的线上自主学习情况，更有利于开展后续针对性教学[①]。除此之外，教师在 MOOC 平台得到的反馈信息也较为真实准确充分，学生在论坛中可以选择匿名发表观点，提出意见，教师通过平台数据的反馈信息有效调整教学方法，也在某种程度上提升了教师的英语教学效果。

3. 大学英语课程评价方式多元化

基于 MOOC 的大学英语混合式教学的评价方式改变了以往传统的大学英语课程评价，充分发挥网络在线学习与传统课堂教学的优势，不再以终结性评价为主，更注重"线上线下"的形成性评价，依托 MOOC 平台、课堂活动的过程性评价使大学英语课程评价方式更加多元，学生不仅关注课程最终考核成绩，而且在大学英语课程中通过各类教学活动培养了学生的合作精神、英语素养、创新思维。同时检验学生对某一部分英语知识的获得程度，是一种对学生"定性"的评价方式，有利于教师准确评价学生对这部分

---

① 王允庆，孙宏安. 高效提问 [M]. 高等教育出版社，2016.

英语知识的掌握程度，进而有助于学校准确评估教师的教学价值。

（二）基于MOOC的大学英语混合式教学存在的问题

1.MOOC平台缺乏有效管理与监督

基于MOOC平台的大学英语线上混合式教学需要学习者高度的学习自觉性，在MOOC网络教学平台上，不存在督促学习者完成学习计划的管理者或是监督者。课程本身有教师制定的课程结束时间，学习者需要规划好自己的线上大学英语课程学习时间，及时观看大学英语课程教学视频，完成章节习题、论坛讨论、阅读英语材料等其他任务。许多学习者缺乏自我管理、自我约束、自我监督能力，没有合理规划好线上学习时间，无法在有效时间内观看MOOC大学英语课程，或无法通过大学英语课程考试，线上大学英语课程则被系统判定为不合格，学习者则需要重新补修课程。

2.MOOC平台教师与学生互动模式单一

虽然MOOC平台建立了教师与学生线上沟通的桥梁，但多限于单方面互动，在平台中教师与学生的互动模式也较为单一，缺乏师生双向有效互动。例如学生针对大学英语课程在讨论区提出疑惑或建议，许多教师会招募助教帮助完成平台的日常工作细则，教师往往不能及时查看并给予学生答疑，难以及时跟进学生的学习动态，在一定程度上影响了学生的学习效果。许多学生在讨论区的发言是为了获得模块得分，从而提出无效问题，不利于师生的双向有效互动。

3.教师缺乏混合式教学系统培训

基于MOOC的"线上线下"混合式教学对于教师的信息化素养有更高的要求，教师不仅要学会制作MOOC视频资源，还应懂得MOOC平台中基本的维护与管理工作，在线上为同学们答疑解惑，这些活动的开展离不开教师的信息素养技能与教学资源整合的能力。而现今高校能够熟练应用MOOC展开大学英语教学的教师较少，教师缺乏混合式教学系统的培训，以至于线上教学活动不能有效高质量地顺利进行，使得大学英语课程的教学质量难以得到质的提升。

4.课程考核评价主体仍以教师为主

现今许多高校大学英语课程考核已采用多元化评价方式，评价的方式不再为单一的终结性评价，更为注重"线上线下"的过程性评价与形成性评价，但大学英语课程考核评价的主体仍以教师为主，教师通过学生"线上线下"讨论参与度、签到出勤率、提交的作业、小组展示、课程考试来整合出这门课程的分数，虽然评价方式更加多元，但是评价的主体仍以教师为主。在大学英语课程考核评价中可以采用学生自评、互评、教评的方法给出评价与反馈，学生在自我评价与给他人评价过程中准确定位，有益于学生查缺补漏，构建出更为科学合理多元的课程考核评价体系。

三、基于MOOC的大学英语"线上线下"混合式教学构建的原则

（一）全面发展性原则

《国家中长期教育改革和发展规划纲要（2010—2020年）》提出要培养大批国际化人才，国际化人才首先需要具备熟练应用外语的能力，还需要具有国际视野、英语创新思维、英语综合运用能力、适应社会行业发展的需求。基于MOOC的大学英语混合式教学模式的构建需要以学生的全面发展为目标，教师的教学过程不能仅限于基础语法知识的传授，而是注重学习者英语"听说读写译"能力的提升、学生自主学习习惯的培养、学生运用英语处理实际问题的能力、小组协同合作能力等方面的发展。

（二）互动参与性原则

混合式教学模式的构建需要实现各个主体之间的互动，也就是学生与教学资源之间、学生之间、学生与授课教师之间的互动交流。基于MOOC平台的线上混合式教学不仅需要满足学习者和平台教学资源的人机互动，还需在模块设计中充分体现教师与学生之间的人人互动。在线下混合式教学中教师应灵活运用适合于大学英语课程的合作、探究、情境式等教学方法，帮助学生主动参与到大学英语课程的学习中。

（三）学生主体性原则

传统的大学英语课堂往往是教师占领主导地位，忽视了学生的主体地位。而基于MOOC的大学英语混合式教学模式的构建中，教师在进行教学设计前要对教学要素进行全方位的前期分析，例如对学习者特征、教学目标、教学内容、教学策略、教学环境的整体分析，设计出适合学生的MOOC教学视频，运用能够最大限度发挥学生主体性的教学方法，从而调动学生在大学英语课程中的学习兴趣。

（四）实用媒体性原则

教育心理学研究提出：五种感官在人类学习中，听觉与视觉占据重要地位，分别占比 11%、83%。所以教师在设计大学英语 MOOC 教学视频时，需要把握学习者多感官的交替刺激，充分调动学生的学习效能，在呈现的教学视频中，知识点内容的阐述要言简意赅，过度冗余的内容不利于学习者知识点的建构。在课中媒体的运用，还需注重媒体运用的适度性，教师应结合本节课讲授的内容，并考虑到学习者的接受能力来进行组合优化应用。

四、基于 MOOC 的大学英语"线上线下"混合式教学模式的构建

混合式教学模式是学生线上自主学习与线下教师课堂授课的有机整合体，并且在整个教学过程中也离不开网络技术环境与课堂授课环境的支持，因此，学生、教师、网络技术、学习环境与线上线下资源整合方式是混合式教学的五大要素。所以本节以混合式教学的五大要素核心进行融合，对教学要素进行前期分析，将基于 MOOC 的大学英语混合式教学模式分为线上教学阶段、线下教学阶段、教学评价阶段来构建。

（一）大学英语线上教学阶段

首先，教师在授课前要制作 MOOC 教学视频，在设计大学英语教学视频时，首先需要分析学生的学情、制定教学目标、选择教学策略，设计大学英语课前学习任务单，帮助学生在线上自主学习阶段对单元有整体的感知。MOOC 教学视频与传统线下授课时长不同，MOOC 教学视频应把每周授课时长控制在 2～4 小时之间，每周的教学视频划分成若干小单元，每个短单元时长在 6～10 分钟为宜。其次，教师在设置 MOOC 线上教学模块时，可以在 MOOC 视频中嵌入简单的随堂测试，随堂测试的目的是测试学生的掌握程度与提醒学生保持注意力，此类题目应简单明了。在前期 MOOC 线上教学准备工作完成后，助教可通过 MOOC 平台给各班级学生发放学习通知。再次，设置学习讨论区，在讨论区中学生可以针对教学视频提出疑问，对教师的 MOOC 教学过程进行评价，还可以帮助班内其他同学解疑答惑。助教通过查阅讨论区的信息帮助教师筛选出有效的反馈信息，教师根据反馈信息及时调整自己的教学方法，更好地把握教学重难点。最后，布置单元作业与考核，阶段性的单元在线授课后，依据此单元的视频课程

设置单元作业或单元考核，并且设定最后提交的日期，如果超过截止日期，作业或考核便不能提交，学生也就不能获得对应的分数。

（二）大学英语线下教学阶段

学生动态的、个性化的学习需求是影响课堂教学的重要因素，所以教师在课堂授课前应对学习者线上自主学习情况进行诊断分析，以便后续开展有针对性的教学活动。课中基于MOOC的线下教学阶段，首先，师生对课前MOOC线上自主学习深入交流，教师用集体讲授的方式对学生在MOOC平台上的疑问相应做出解答。接下来按照课前分好的活动小组，开展多种形式的教学活动，如英语词汇打卡积分、英语情景模拟展示、英语主题辩论赛、英语电影配音、英语头脑风暴问答等教学活动形式进行小组合作互动学习，教师灵活运用合作、探究、项目式等教学方法充分发挥学生的主体能动性，培养学生的创新英语思维与协同合作意识。最后，教师根据学生活动展示情况予以指导与评价，并做好本节课的知识总结，布置课后知识点复习巩固作业，发放下一个单元的课前预习任务单。

（三）大学英语教学评价阶段

"线上线下"的混合式教学模式的评价质量体系由线上教学平台、教师、学习者及其教学评价共同决定，而线上教学平台的辅助支持体系、学生线下的自主学习、教师的及时答疑与高质量的教学设计以及贯穿于整个学习过程的评价考核体系是混合式教学模式不可或缺的组成部分，所以，建立一个完整的多元化评价体系有助于混合式教学模式的高质量有效实施。"线上线下"大学英语课程评估主要包括：线上MOOC网络学习记录（50%），课堂考勤（10%），课堂活动展示与评价（25%），作业、练习、测试（15%）。将形成性评价、过程性评价、终结性评价贯穿于大学英语混合式教学的全过程，终结性评价不再占据课程评估中的主要部分，其中课堂活动展示部分的评价采用学生自评、生生评价、教师评价三方评价机制，更为科学有效。

五、基于MOOC的大学英语混合式教学的保障条件

混合式教学模式的有序运行与开展需要各类部门、各类组织、各类人员的协同参与实施，基于MOOC的大学英语混合式教学的保障条件主要分为外部保障条件与内部保障条件。

外部保障条件主要由政府部门及相关社会机构主体组成，政府部门主要通过出台教育信息化相关政策、给予教育信息化专项资金拨款、信息化教学项目实施与评估管理等多种途径引导高校混合式教学的发展，优化高校大学英语课程体系与人才培养方案，紧跟时代发展的潮流，督促高校将信息技术真正应用到大学英语常规教学中，培养出具有国际化视野、英语创新思维和综合运用能力，适应社会行业发展需求的国际化人才。相关社会机构主要是各类教育行业与教育企业，为高校混合式教学的开展提供网络在线教学平台，与高校共同开发精品在线课程，培训高校大学英语教师相关专业混合式教学授课模式的教学方法。

内部保障条件的主体实施者为高校与教师，内部保障条件可从三个方面来支撑大学英语混合式教学模式的有效运行。一是教学管理部分，建立教学管理人员、互联网技术人员、教师、学生的教学管理系统。教学主体管理人员主要管理校内在线教育教学的工作规章制度与混合式教学评价体系的建设，如在注册MOOC账号时，需要管理员统一将教师账号信息反馈给MOOC平台运营人员完成赋权创建课程，选择设置课程负责人并填写相关课程信息；互联网技术人员主要负责网络在线平台的运营与维护工作；教师则需登录MOOC平台注册MOOC账号激活，并完善个人信息。在大学英语混合式教学中，教师应充分应用移动网络教学平台展开教学，积极参与大学英语课程建设，主导学生为主体的教学理念，参与大学英语混合式教学培训，不断提高自身的信息化素养与英语专业教学水平；学生需要注册MOOC账号，填写本校信息认证，并根据教师发送的选课通知选定课程，在规定时间内进行线上自主学习。二是教学资源管理部分，也就是开发建设本校大学英语课程的相关教学资源，如MOOC平台的大学英语教学视频，院校可与MOOC平台签订合作协议，共享共建精品在线课程资源，学生可以跨校选修课程并且学分互认。三是教学实施部分，也就是教、学、管、评四位一体的教学实施体系，全面把握混合式教学实施的各重要因素的协同配合，保证大学英语线上线下混合式教学能够高效运转，最终使线上线下混合式教学逐渐衍生出广泛接受的集成式教学模式。

"互联网+"背景下，传统的教学模式已经不能适应当下信息化时代的教学要求，而"线上线下"大学英语混合式教学模式是大学英语课程教学改革的必然趋势。基于MOOC的混合式教学模式是大学英语课程新的发展方向，当下大学英语教学的关键在于传统面授教学与信息化网络教学手段的整合，促进第一课堂与第二课堂的协同发展。在大学英语课程教学改革的道路上，应进一步在MOOC的混合式教学中不断创新实践探究,在大学英语课程教学中焕发生机,以促进大学生英语素养的全面提升。

第六节　基于在线直播课的高校英语"线上线下"混合式教学

信息技术的快速发展，为大学英语教学改革提供了更多的方法选择，传统的现场课堂教学已不能满足新时代学生的学习需求。文章基于在线直播课，在深入剖析我国在线直播教育现状的基础上，进一步阐述在线直播运用于大学英语教学的可行性，根据自主学习理论、远程学习圈理论、个性化学习理论、现代学习理论，探索出英语学习氛围浓郁，能有效实现实时互动，提供学生多模态表达，延伸学生学习范围的基于在线直播课的大学英语"线上线下"混合式教学模式，并提出模式实施的对策建议。

互联网、人工智能等新技术的不断发展和智能移动终端的迅速普及，以及新媒体技术的广泛应用，加快了信息化时代教育方式的变革，大学英语教学方法也变得多样化。2019年中共中央、国务院印发了《中国教育现代化2035》和《加快推进教育现代化实施方案（2018—2022年）》，提出加速推进教育现代化，利用现代技术推动人才培养模式变革，建设智能化校园，促进教育公平，提高教育质量，优化教育结构。《教育部关于全面提高高等教育质量的若干意见》也提出"创新人才培养模式，创新教育教学方法，倡导启发式、探究式、讨论式、参与式教学"。在"互联网+教育"背景下，混合式教学应运而生，最早提出混合式教学的何克抗教授认为，混合式教学是未来教育发展的主要方向。

混合式教学模式（Blended Learning Model）是整合传统课堂教学与网络学习的优势，弥补传统课堂教学的不足，伴随教育信息化的发展而产生的一种新型教学模式。其具有灵活性和便捷性，教学方法多样化、教学资源丰富性，互动交流渠道多样等特点。在教学中采用"线上线下"混合式教学能较好地体现"以学生为主体，教师为主导"的教学理念，发挥教师引导、督促学生学习的作用，学生学习不再受时空限制，促进学生自主学习，达到最佳的教学效果，提升教学质量。近年来，混合式教学成为大学课程教学改革的研究热点，在众多信息化技术中，学者们围绕MOOC、SPOC、翻转课堂、微课、雨课堂等开展混合式教学的实践探索。但目前，基于在线直播课的混合式教学研究较为缺乏。基于此，本节尝试利用新媒体技术，探索基于在线直播课的大学英语"线上线下"混合式教学模式，以期为促进大学英语教学模式创新，提升大学英语学习效果提供新路径。

一、在线直播教育发展现状

（一）在线直播教育发展现况

在线直播的出现得益于娱乐产业的蓬勃发展，具有碎片化、社交化、移动化的特点，内容丰富、交互性强，不受时空限制，能有效弥补录播视频缺乏互动的缺陷。目前市面上比较热门的在线教育直播平台有YY教育、学而思教育、多贝网、腾讯课堂、掌门1对1等，这些在线教育直播平台都具备视频、语音、PPT、图片、分屏演示、讨论等功能，能满足当今时代学生学习需求。2019年中国互联网中心（CNNIC）发布的第43次《中国互联网络发展状况统计报告》显示，截至2018年12月，中国在线教育用户规模达20123万人，在线教育用户使用率达24.3%，较2017年底增加4605万人，年增长率达29.7%，其中，用手机参与在线教育课程的用户19416万人，与2017年底相比增长7526万人，年增长率高达63.3%，这说明在线教育在我国处于快速发展阶段。

在线直播课是借助网络直播平台展开的一种在线课程学习模式。国内较早尝试运用在线直播进行大学英语教学的是上海外国语大学冯庆华教授，2013年其在同济大学讲授《翻译有道》时，运用信息技术手段直播授课内容，吸引了多所高校学子跨校同步学习，这种"线上线下"混合式学习模式，一经推出便备受关注。

目前，在线直播课主要依托APP、网页、客户端这三种方式呈现教学课程，使用在线直播平台开展教学的教师，在平台上建立自己的直播间，学生可以灵活选择授课时间与课程内容，进入在线直播教室，远程学习知识。伴随着网络直播技术的成熟，这种新型的教学方式，使教学过程变得更为便捷，不仅营造了课堂氛围，还能实现实时师生互动，获得越来越多学生的关注和支持。黎静认为在线教育在课前、课中和课后三个阶段中发挥了不同的作用，在课前，教师主要是根据教学目标提出预习内容，学生自行完成学习任务，预览学习内容、思考问题，在直播课中，教师构建网络化学习情境，进行重难点讲授，引导学生探究学习，互动交流，在课后，教师组织学生拓展练习，固化所学知识。在线直播教育开展的利益相关体对在线教育的关注点有所不同，教师群体主要关注如何结合传统课堂教学，设计在线教育的教学方式与教学活动；学生群体关心是否在线教育会增加学习负担；而家长们则担忧在线教育是否会对孩子产生负面影响；教育管理部门则关注教育体系的构建，在保证在线教育有效运用的前提下，转变教与学的形式，提高教学质量。

（二）在线直播教育发展存在的问题

1. 学习者的积极性与参与度不高

相对于传统的课堂，在线直播课程为学习者提供了较为丰富的学习资源，自由性比较高，对学生的管束、限制也比较少。所以，在一定程度上要求学习者具备较强的自制力，而在学习者群体中，只有少部分学习者拥有较强的自制力，大部分学习者自我约束力和自我控制力较弱，参与在线直播教育课程的积极性不高，能按时参与在线直播课程的学习者人数较少，在直播课堂上，还是以学生听课为主，师生交流互动不太频繁，课堂参与度低，导致完成在线直播课程的质量亦较低[①]。

2. 不同课程内容参与人数存在较大差别

在线直播教育的在线人数与直播课程内容关联度较高，在第一次上课时，实际在线人数往往较多。学生在接受一定授课内容后，能根据自己的学习状况，有针对性地选择自己相对薄弱的课程内容和感兴趣的知识点，参与在线直播学习，而对于已经掌握的知识点，则选择不参与，这容易导致不同课程内容参与人数此起彼伏，变化较大。

3. 在线直播课堂教学氛围难以控制

在线直播课即便是通过网络平台进行授课，师生不在同一空间，但是同样能像传统课堂一样，营造出课堂氛围，构建虚拟教学环境，师生直接进入在线直播教室展开教学。在线直播课的课堂主要是由教师进行控制，在线直播教学过程中，是否能营造出活跃的课堂气氛，呈现较好的教学效果，主要取决于教师教学水平的高低，教师的教学风格，以及教师是否有精心备课。如果教师没有提前了解学生的思维水平和知识点的理解程度，就难以因材施教，调整教学以适应学生接受能力；另一方面也受学习者本身的专注度和自觉性影响。所以，在线直播课课堂教学氛围往往难以控制。

4. 师生间有效互动难以做到及时性

相对于以往的录播课程，在线直播课具有实时互动性，能拉近师生之间的距离，让学生感觉教师就在身边，可以直接交流互动。在线直播课的师生互动，在课前，主要是课前预习的指导；在课堂中，主要是学生对于知识点疑难的地方进行提问，或者设置课堂讨论环节，教师能当堂迅速解决；而课后，学生可能会遇到一些问题，会在学

---

① 赵周，李真，丘恩华. 提问力 [M]. 北京：电子工业出版社，2018.

习讨论区向老师提问，这就存在及时性问题，教师不可能24小时在线，难以时时与学生保持联系，给予学生及时快速的回复，再加上在线直播课堂面向的学生众多，当学生提问人数较多时，教师需要一定的时间去一一解决，导致师生间有效互动难以做到及时性。

二、基于在线直播课的大学英语"线上线下"混合式教学可行性分析

（一）教学方式三元化，可以实现以学生为中心的价值取向

传统课堂以教师为主体，学生在课堂学习中往往是被动地接受知识，而基于在线直播课的"线上线下"混合式教学，强调学生的自主性，核心在于学生的"学"而不是教师的"教"，其教学活动主要围绕学生的"学"开展，学生才是教学的主体，反映了以学生为中心的价值取向。相比于以往"填鸭式""灌输式"的大学英语教学课程模式，在线直播课的教学知识点辐射的范围广，其设计充分考虑学生的个体差异性。学生能自行调节学习进度，对于尚未完全掌握的知识可以回放之前直播课的录播，这种方式能有效缓解大学英语教学中学生水平差异问题。

此外，采用混合式教学模式，能提供多样化的学习方式，设计形式多样的学习媒体材料，供学生选择，学生可以自由选择学习环境和学习内容，灵活安排学习时间。在教学方法方面，这种混合式教学模式沿用传统课堂教学方法的同时，采用多样化的现代化信息教育技术手段，能实现教学方式的三元化，即满足个体自主式学习，群体协作式学习，师生互动的支助式学习。

（二）模拟真实情景，体验式英语教学更易被接受

在线直播课实际上是把传统的课堂在网络空间上呈现，现有的在线教学直播平台都具备举手、笔记、点赞、私信聊天、发布文字、图片、视频等功能。其中，"举手"这一功能和现实课堂的举手发言是一致的，在直播课上学生在平台上举手提问，教师即可及时答疑解惑，学生能获得实时反馈，形成互动课堂。库伯体验学习理论认为，体验学习是以体验或经验为基础的持续过程，教师不只是灌输新的思想，还要处理、修正学习者原有的经验。在直播课上，大学英语教师不再是简单地灌输知识，解答错题，而是借助视听化多媒体手段，构建模拟真实情景教学，使一些抽象概念具象化，引导学生理解并吸收知识，组织学生构建学习互帮小组，学习者之间可以在不同空间同频共话，一起

练习英语口语对话。即便是把传统课堂迁移到虚拟空间，学生仍然可以看到教师的授课内容、开课时间等信息，整个教学过程是透明化的，更易被接受。

（三）互联网技术的成熟，为在线直播课提供技术支持

移动学习是未来教育的发展趋势，移动学习技术的成熟，学生们可以不再受时间、空间等因素的限制。5G时代的到来，网络速度加快，带来了高质量、更流畅的视频传输与通话体验，在线互动更便捷有效，可以随时答疑，教学与学习的体验更为真实，学习资源的下载也变得更加高效，能极大地扩展教师在线直播课堂上的能力。而基于云的存储技术为学生和教师存储与分享学习资料提供便利，学生可以把关于直播课程的相关内容安全的存储在云上，教师则可以按班级将文件分类，随时查看学生作业，共享资源，使得基于在线直播课的混合式学习模式更为便利。云计算和大数据技术则能为在线直播课的教师收集数据，根据学生的作业、测试、出勤等，分析研究学生学习行为，调整教学策略，制定个性化学习课程。

三、基于在线直播课的大学英语"线上线下"混合式教学模式的构建

在借鉴已有相关研究成果的基础上，本研究依据自主学习理论、远程学习圈理论、个性化学习理论、现代学习理论等理论基础，探索出英语学习氛围浓郁，能有效实现实时互动，提供学生多模态表达，延伸学生学习范围的基于在线直播课的大学英语"线上线下"混合式教学模式。具体通过将基于在线直播课的大学英语"线上线下"混合式教学模式分为线上在线直播教学阶段、线下现场课堂教学阶段、综合教学评价阶段来构建。

（一）线上在线直播教学阶段

首先，教师以学生的需求为目标，根据大学英语的课程标准，选择合适的教学内容，不仅要涉及通识英语（EGP）教学，更要重视专门用途英语（ESP）的教学，合理设计教学，编写教学计划。然后，在教学直播平台上发布课程预告，上传课程预习资料至资源共享区，提醒学生自行下载，做好课前预习，引导大家学习。上课前，学生自主进行课前签到，教师在后台统计学生出勤情况；在大学英语课程在线直播教学中，教师围绕重难点知识进行授课并加以详解，学生交流英语展示；发布课堂练习题，开展课堂讨论互动。在讨论区内，学生有困惑的地方可以随时在讨论区进行文字输入提出，教师看到学生的反馈后，可以直接交流、解答，教师也可以开启学生语音功能，学生上麦发言；最后，在线

直播课结束之后，教师布置作业，分享学习资料，学生存在疑惑或因特殊情况未参与直播学习的，可利用课余时间点播回放直播课程。此外，开设直播答疑教室，方便师生课下互动，也便于教师了解和掌握学生知识水平，根据"反馈原理"，结合在线直播教学及时调整教学内容。

（二）线下现场课堂教学阶段

奥苏贝尔的学习理论认为"学习者要具备一定的知识，以便与新知识产生关联"。学习是基于原有知识经验的构建，线下现场课堂的教学内容与线上直播课堂的教学内容要具备关联性，线下现场课堂教学主要目的是为学习者建立知识基础，以便在直播教学中与这些知识之间建立联系，更好地理解和接受知识，使学习者的学习圈更为有效地运作。教师以课程单元为一个整体，展开主题性知识的概述，邀请名师和外教进行授课，提高学生学习兴趣。在能力提升方面，教师进行听、说、读、写四个方面的示范、讲解，让学生组建学习小组开展练习，教师在现场及时纠偏，发现学生深层思维误区。最后，采用话题展示的教学形式，提供与大学英语相关的话题，组织学生团队学习，围绕话题进行话题讨论，以话题为出发点，打破孤立的知识体系，引导学生积极探索知识之间的联系，深度思考，活化知识，以此提高学生交锋辩论能力，在运用知识中学习知识，在实践中顿悟与修炼，努力提升自我，实现体验中学习，达到知行合一。另一方面，也能增强学生与教师、学生与学生之间的交流互动，营造宽松活跃的课堂气氛。

（三）综合教学评价阶段

混合式教学模式的教学评价要求关注学习者的成长，实行定量评价与定性评价相结合的评价体系。基于在线直播课的大学英语"线上线下"混合式教学模式尝试从多维度观察学习者在教学中的表现，采用发展性教学评价，而不只是单纯关注考试分数。按照线上在线直播教学、线下现场课堂教学各占50%的比例，覆盖学生的全面表现，设计多维度评价体系，全面考查学生英语综合应用能力。线上在线直播教学评价由以下四部分构成：课堂出勤率（5%），在线学习（25%），在线讨论（10%），课堂任务（10%）。教师在直播平台上发布活动与资源时，设计经验分值，学生完成相应的活动或者下载查阅学习资源就可取得经验值，调动学生自主学习的积极性。线下现场课堂教学评价由以下四部分构成：课堂出勤率（5%），期末考试（25%），课堂活动展示与评价（10%），平时作业与测试（10%）。其中，主题讨论、话题展示环节，注重师生与生生间的评价，促进师生自我反思。另外,根据学生在课堂中展现出的协作能力与解决实际问题的能力,建立"课堂表现"加分制度,灵活开展教学评价。

四、基于在线直播课的大学英语"线上线下"混合式教学实施建议

(一)增加有效互动,营造良好教学氛围

大学英语课程具有侧重词汇语法讲解的特性,在直播教学过程中,教师必须做到吐字清晰、语速适宜,防止语音在传输过程中造成语音连片,对于关键的信息可以采用PPT、屏幕显示等途径展示。另外,由于在线直播课教学活动多样,教师要适时地切换,在互动环节避免进入空置等待状态,要根据学生反馈及时补充,把握师生互动和生生互动的时间,保证课堂的流畅性。同时,教师在授课过程中要及时总结与点拨,引导学生紧跟老师思维,运用新的教学理念创设情境,激发学生参与积极性和自主学习的意识。

(二)做好纪律约束,确保教学内容有效实施

教育直播与娱乐直播不同,不能过于庸俗化、娱乐化,教学内容必须严格按照教学大纲和课程目标进行。学生与教师要主动适应虚拟学习环境与现实课堂的差异,教师要增强在线直播课教学的魅力,让学生"学得进""听得进",并做必要的教学纪律约束,让学生在直播中集中注意力,专心学习。

(三)组建教学团队,保障课程教学有效开展

教学改革光靠教师个人力量是难以推动的,组建教学团队是推进大学英语在线直播课的重要保障。一是联合英语专业教师,整合教师相关教学资源,发挥在线直播教学的优势;二是组建教师技术团队,提供技术保障,管理教学直播平台;三是组织学生教学助理团队,辅助教师开展教学。

本研究对在线直播教育进行了深入的分析与思考,分析了在线直播教育的现状,得出了具有一定参考价值的结论。"互联网+教育"是时代发展的必然要求,将在线直播课与传统课堂相融合,构建"线上线下"混合式教学是大学英语教学改革新路径,适用于信息化时代的大学英语教学。这种新型的教学模式,本质上并不会改变传统的教学,但如何把直播和教育更好地结合起来,是值得思考的问题,抓住在线直播教育的机遇,

搭建教育直播平台，实现在线直播教育常态化还有很长的路要走，要做好在线直播课理念、技术、管理、内容等方面的准备，迎接"互联网＋教育"时代是大学英语教育教学改革的必然趋势。

第六章　线上线下融合式的高校英语教学实践

第一节　英语专业听力课程线上线下混合教学

近年来，在国际交往日益频繁、国际交流合作日趋深入的新形势下，英语听力的重要地位不断凸显。然而，目前传统的英语专业听力教学模式，受到时间和空间的限制，已不能满足社会发展对英语人才的需求，改革英语专业听力课程教学模式已经迫在眉睫。本节旨在探讨如何利用现代教育信息技术和网络平台，将线上网络教学与线下传统教学有机结合，尊重学生个性化的发展，提高学生的英语听力能力。

近年来，在国际交往日益频繁、国际交流合作日趋深入的新形势下，英语听力的重要地位不断凸显。新《英语专业教学大纲》要求英语专业学生能听懂真实交际场合中的各种英语会话。可目前，传统的英语专业听力课，课时有限，一般为每周2节课；且教学模式单一，教学过程一般为"放音—对答案—讲解—再放音"。在这个模式中，学生的课堂学习时间十分有限，且始终处于一种被动状态，听的内容、数量和场地都由教师操控。学生不能根据自己的水平选择学习内容，不能自我控制学习进度。学生的自主性、个体差异性和创造性不能显现和有效地发挥。学生长期处于被动学习的状态，极易产生心理疲劳和枯燥感，教学效果受到很大影响。这样的教学模式，已经不能适应社会发展对英语人才的需求。教育部印发《教育信息化"十三五"规划》，鼓励教师利用信息技术创新教学模式，支持西部高校开展在线开放课程线上线下混合式教学改革。

一、混合教学模式建构的理论基础及可行性分析

线上线下混合教学的定义。线上线下混合教育是指线上教育（网络教育）与线下教育（传统学校教育）的整合式教育模式，通过两种教育模式的优势互补，达到教育模式的改造，并实现教育教学水平的大幅度提升（卓进，2015：105）。线上线下互动教学模式是一种线上数字化在线教育与线下课堂教学相结合的教学方式，其目的是借助在线教学资源与信息技术促进课堂教学，以取得良好的教学效果（王若梅，2018：12）。

理论基础："输入假说"。依据美国语言学家 Krashen 的二语习得"输入假说"，学好一门外语，需要有"足够的输入量（Enough Input）"。大量的语言学习材料是学习语言的重要条件，当学生对材料的学习达到一定数量时，学习者对语言的使用才能有质量上的提高，才能灵活地使用所习得的语言（潘丹丹，2016：217）。而目前传统的英语专业听力教学，受时间和空间的限制，学生缺乏足够的语言输入量。没有"量"的保证，就无法达到"质"的飞跃，更谈不上"灵活的运用"。因此，线下传统听力教学，需结合线上网络学习平台，突破时间和空间的限制，在课前和课后，根据不同学生的学习水平，提供不同难度，不同题材，多元化的听力学习资料，让学生可以依据自己的听力水平、学习兴趣及时间安排，选择适合自己的听力学习材料，自主能动地进行英语听力练习。

混合教学模式可行性分析。教育部印发《教育信息化"十三五"规划》，鼓励教师依托信息技术营造信息化教学环境，促进教学理念、教学模式和教学内容改革；推进信息技术在日常教学中的深入、广泛应用，适应信息时代对培养高素质人才的需求。当前，移动多媒体已十分普遍，学生的手机可以上网；且大学校园内大多都设有无线网，及数字化校园，教室也可以连接网络，这使得线上线下混合教学成为可能①。

二、线上线下混合教学的衔接策略

课前（线上网络平台自学预习）。课前，老师将听力课程的总体教学计划和具体授课步骤，上传到在线网络平台，以便学生了解该课程的总体要求和教学内容。在每个新单元之前，给出导学建议；并将与该单元课程相关的教学背景资料、音频、视频等上传到平台，学生可以在课前自学预习。对于教学重难点，教师还可制作微视频，上传到平台。

---

① 陈帅. 大学英语修辞教学探析 [J]. 湖北经济学院学报，2013（9）：203-205.

学生在课前线上预习时，还可将有疑问的地方在平台留言，以便老师在线下课堂教学上统一讲解。

教师在平台所上传的听力资料的难度，应遵循"i+1"原则。据 Krashen 的"输入假说"，最佳语言输入效果，不仅需大量，还必须是可理解的，有趣的，其中可理解性尤为重要。克拉申用 i 表示学习者的现有语言水平，1 表示略高于 i 的水平，强调听力材料的难度不应该超过学习者的现有学习能力，但又要略高于学习者现有能力。若听力材料全部是学习者能够理解的内容，将无法激发学习者的学习兴趣；但若听力材料完全超出学习者的理解范围，又会使学习者感到焦虑，阻碍听力学习的正常进行。因此，教师要选择难度适中的听力教学材料来激发学生的学习动机。

课中（线下传统课堂教学）。经过课前线上预习自学，学生已经比较熟悉听力课上将要学习的教学内容。在线下的传统课堂教学中，老师的任务主要有如下三点。其一，对学生听力策略及技巧进行训练。引导学生掌握读题干、找关键词、预测问题、做笔记等基本的听力技巧。其二，在课前已有的大量"语言输入"的前提下，引导学生进行"语言输出"。20 世纪 80 年代后期，Swain 提出了"输出假说"：输入是输出的前提和物质基础，但仅仅依靠输入还不足以内化所学的语言规律，只有通过输出才能促进输入的语言转化，进而形成学习者自身的语言系统。在课堂上，老师可以通过问答、角色扮演、故事复述、小组讨论、辩论、演讲等输出活动帮助学习者进一步提高表达的流利程度和正确性。其三，老师在线下传统课堂教学中，应解答学生在课前线上预习时所提出的问题。

课后（线上作业完成及拓展性听力训练）。课后的线上网络平台学习任务，主要有如下三点。其一，老师将与课堂所学知识点相关的练习，上传到网络平台，学生在线完成课后作业；并复习课堂上所学知识点。其二，教师可将与课堂所听材料有关的深层问题，上传到网络平台，供学生思考和在线讨论。其三，教师可在平台上传视频、音频等听力资料，供学生进行拓展性听力训练。

三、线上线下混合教学的意义

自主学习能动性的提高。线上线下混合式教学，突破了时间、空间上的制约。只要在有网络连接的前提下，学生可以根据自己的时间安排，在任何地方，选择适合自己学习水平的，自己感兴趣的听力材料，进行自主学习，极大地提高了学生的学习能动性。

大量有效的"语言输入"+行之有效的"语言输出"。依据美国语言学家 Krashen 的二语习得"输入假说"，学好一门外语，需要有"大量有效的语言输入"。线上线下混合教学模式，保证了英语专业学生的"语言输入"，为"量变达到质变"提供了条件。据Swain的"输出假说"：仅仅依靠输入还不足以内化所学的语言规律，只有通过输出才能促进输入的语言转化，进而形成学习者自身的语言系统。在线下的传统课堂上，老师通过一系列的输出活动，帮助学习者进一步提高表达的流利程度和正确性。大量有效的"语言输入"+行之有效的"语言输出"，保证了学生良好的听力学习效果。

线上+线下（充分发挥各自优势）。线下传统的课堂教学，受时间和空间的限制，学生的"输入量"远远不够，且不能有效发挥自主性、个体差异性和创造性。单一的线上网络平台学习，学生缺乏与老师面对面交流的机会，缺少老师的监督，也缺乏足够的情感支持。

而将线上线下结合起来的混合式教学模式，发挥了两者的优势、规避了两者的局限性，最大限度地提高了教学的质量和学生学习的效果。

国际交往日益频繁、国际交流合作日趋深入的新形势，凸显了英语听力的重要地位。传统的线下课堂教学模式，受到时间和空间的限制，已不能适应社会发展对英语人才的需求。而单一的线上教学模式，也有其局限性，如师生缺乏面对面的交流，学生缺少老师的监督和情感支持等。当前的新形势，使得线上线下相结合的混合教学模式成为可能，也成为必然。线上线下的混合教学，尊重了学生的个体差异性，充分发挥其自主性和创造性，提高其独立学习的能力和英语听力水平。线上线下的混合教学，给英语听力教学带来了新的机遇，全方位提升了教学效果和学习体验，促进了教育信息化的深入发展。

第二节　线上线下混合式英语教学改革与慕课的关联

随着经济与科技的发展，线上线下教学凸显其重要性，大学英语写作教学迎来更新的挑战。慕课为大学英语教学改革提供了一个新的平台。这些线上慕课消除了传统教育僵化、刻板、缺乏创新性的弊端，共享了高等教育资源，对推进高等教育资源的大众化产生了重要影响，对于培养各类人才尤其是经济型人才起着重要作用。

一、慕课的概念

慕课含义为"大规模网络开放课程"，我国学者焦建利教授将它译为："慕课"可谓绝妙，有全世界学者慕名而来共同上课之意。360百科对它的定义为："新近涌现出来的一种在线课程开发模式，它发展于过去的那种发布资源、学习管理系统以及将学习管理系统与更多的开放网络资源综合起来的新的课程开发模式。"维基百科对它的定义为："大规模开放在线课程是一种针对大众人群的在线课堂，人们可以通过网络来学习在线课程。慕课是远程教育的最新发展，是一种通过开放教育资源形式而发展来的。"作为一种教育和技术的结合，目前全世界慕课的三大学习平台为Coursera、Udacity和edX，这些平台免费注册，面对全世界的学者开放，向全世界的学者提供顶级大学的精品课程，这些课程以视频的形式呈现，辅以作业、讨论、评价以及师生、生生互动。学生可以根据自己的兴趣和需求自由地进行在线学习，在学习结束后还可以得到相应的证书。慕课的教育理念实现了教育资源的共享，促进了教育公平并满足了人们终身学习的需求。同时大学英语写作慕课主要具有大规模性、开放性、互动性和即时反馈性的特点。

二、国内外慕课研究综述

（一）国外慕课研究综述

作为一种新型的教育模式，慕课的真正崛起在最近的几年。慕课的前身是美国犹他州立大学的课程"开放教育导论"和加拿大里贾纳大学的课程"社会性媒介与开放教育",这两门课程的突破性在于邀请世界各地的著名专家学者远程参与课堂的教学活动。2008年,美国教授Dave Cormier与Bryan Alexander首先提出了慕课这个概念,并创建了第一个慕课课程,此后,大批的学者和教育家都采用了这种开放性的课程模式,纷纷在多所知名大学中开设了网络公开课,并大获成功。2011年底,斯坦福大学的教授Sebastian Thrun与Peter Norvig面向全球联合推出《人工智能导论》的免费慕课课程,课程一经推出,立刻吸引了全世界16万人注册学习,这一课程得到了教育界的广泛赞誉,为高等教育的大众化和国际化做出了重要贡献。

《人工智能导论》慕课课程的巨大成功让全世界的高等教育看到了新的希望,慕课在全球迅速引爆,几乎所有的著名学府如哈佛、麻省理工、普林斯顿、宾夕法尼亚大学等都对慕课充满了热情,积极投身这场新的教育革命,使得慕课短时间内席卷全球教育界,成为高等教育提高教学质量和社会影响力的重要手段之一。鉴于2012年慕课发展的盛况,纽约时代周刊将其评价为"慕课之年"。慕课的力量和前景同时也吸引了很多技术公司,他们和这些著名高校合作,推出了很多开放性的慕课学习平台。

(二)国内慕课研究综述

作为一种新兴的教育模式,慕课自2012年引爆全球后也引起了我国的教育者的广泛关注,对于慕课的研究有了初步的进展,涌现出大批以慕课为主题的文献,尤其是当《2013慕课白皮书》在《中国教育网络》发表后,我国对于慕课的研究进入了一个全新的、蓬勃的时代,对于慕课的理论研究取得了丰硕的成果,不同的学者和教育者从不同的角度对慕课进行了分析和探讨。研究表明,我国对于慕课的研究成果主要集中在以下几个方面:首先,对于慕课理论的研究;其次,探讨慕课对于我国高等教育的影响和作用;再次,慕课对于我国不同教育层次和学科的应用;最后,慕课三大平台以及我国国内的平台。从这些现有文献来看,我国关于慕课的研究还都主要集中于理论和高校的教改方面,而有关慕课在教学中的具体实践以及实用性的相关实证研究则少之又少。因为慕课是一种高质量的课程资源,又因为它是一种成型的学习模式,所以慕课在极短时间内被传播,在大范围内被大量学习者所接受[①]。影响范围大以及具有大规模、在线、开放三大特点的影响,佳木斯大学的教师也开始关注慕课,研究其起源、定义、分类、构成因素、使用平台、教学模式、有利条件、发展现状、对传统教育及教师的影响。当前,大多数对于慕课的研究只是停留在理论基础,缺乏实证研究,缺乏对实践方面的关注。与211、

---

① 王涛. 大学英语教学中英语修辞格的赏析[J]. 英语广场, 2013(10): 97-99.

985那些高等学校相比，佳木斯大学作为一般本科院校在教学资源、教学设备相对薄弱，同时由于学生人数多，一线教师少，教师资源学历相对较低等因素，佳木斯大学从实际出发，积极推进和尝试慕课、翻转课堂等教学方法，深化课程信息化改革，佳木斯大学慕课学习者中，有近半数的学习者会参加一门或两门的慕课学习，在这些学习者中，依靠慕课学习而获得证书的极为少数。广大学生选择慕课学习的动机是和他们的个人兴趣相关，而与是否能得到证书无任何关系。学生以自我实现为主为学习动机，他们的需求、兴趣是他们进行慕课学习的原因。所以广大学生对于慕课的主讲教师、学历、职称不是特别在意。目前从佳木斯大学学习者可以看到通过慕课的学习，可以大大提高学生的学习兴趣及自主学习的能力。

三、混合式英语教学改革与慕课的关联性

随着互联网时代的进一步发展，网络教学的逐步展开，慕课的到来为大学教学改革提供了一个新的平台，优质的教学资源得到共享，也为大学英语教学改革带来了新的机遇与挑战，笔者运用了关联主义学习理论和建构主义学习理论，因为慕课学习属于基于网络环境的碎片化的学习。但学科知识又是有体系的，因此就要把相对零散的知识关联在一起构成一个统一的整体。所以关联主义学习理论是本研究的一个理论基础。同时，慕课学习是在广阔的学习情境下，通过与老师和同伴的交流与合作随时随地进行自身知识的构建。因此，建构主义学习理论是本研究的另一个理论基础。以"佳木斯大学校本研究"为切入点，以佳木斯大学英语写作慕课作为研究内容，在"关联主义"和"建构主义"，两大理论的指导下来探究大学英语写作慕课对培养学生写作能力的有效性。

国内对慕课的研究还处于探索阶段，理论研究多于实践研究。实践研究主要集中在中国几大著名慕课平台。语言类的慕课开课更少，以中国国防科技大学的写作慕课为代表。但是其写作慕课主要针对大学英语专业学生、高年级非英语专业本科学生或研究生，同时讲授内容是自成体系的写作课程与现行大学英语本科教材联系不紧密，不利于低年级学生的学习。针对以上问题，佳木斯大学公共外语部创建了自己的《大学英语写作》慕课，所授写作技巧与讲授的《新视野大学英语读写教程》紧密相连，慕课视频可以作为大学英语翻课堂的视频材料。因此，本研究的目的是验证《大学英语写作》慕课对提高学生写作能力的有效性，同时以此来弥补现有大学英语慕课实证研究的不足。在《大

学英语写作》慕课学习过程中，大多数学生能够顺利完成《大学英语写作》慕课。一部分学生辍学的原因主要是未跟上课程进度，其次是课程偏难，没有坚持的动力。在学习《大学英语写作》慕课过程中，最大的收获是扩展了英语写作知识和提升了英语写作技能。

随着科技的发展与教育教学理念的更新，大学英语教学中写作教学迎来了机遇和挑战，在信息技术的帮助下，传统课堂教师讲授转变成了当今以慕课为代表的网络环境下的教学。大学经历十几年的改革，英语写作问题日益突出，是学生过级考研的障碍，编者利用了关联主义和建构主义学习理论，通过频数统计、单因素方差分析、独立样本检验和配对样本 t 检验的量化研究方法对佳木斯大学四个实验班 201 名学生进行问卷与写作测试收集的数据进行分析。

通过问卷调查得出结论，研究对象中 97.5% 的学生使用智能手机，48.4% 的学生选择手机为数字化学习工具，78.1% 的学生愿意尝试把数字设备用于学习，78.1% 的学生认同并愿意实践于数字化学习，55.8% 的学生愿意以视频的方式进行数字化学习。

通过配对样本 t 检验显示，《大学英语写作》慕课能够提高学生的写作水平（$t=-8.982$，$df=200$，$P<0.05$）。

独立样本 t 检验结果显示，男生和女生在《大学英语写作》慕课的学习行为方面没有显示差异；男生和女生在《大学英语写作》慕课学习中获得支持方面没有显著差异；男生和女生在《大学英语写作》慕课学习体验方面没有显著差异。

单因素组间方差分析结果显示，高分组、低分组和中间组在学习行为方面没有显著差异；高分组、低分组和中间组在获得支持方面没有显著差异；高分组、低分组和中间组在学习体验方面没有显著差异。

《大学英语写作》慕课学习体验调查问卷数据统计分析结果显示，研究对象中 56.7% 的学生之前不了解慕课；72.2% 的学生是通过教师推荐对慕课有所了解；24.9% 的学生根据自己的兴趣来选择慕课；在慕课学习过程中，47.3% 的学生利用笔记本进行学习，36.8% 的学生利用手机进行慕课学习；在慕课学习过程中，39% 的学生选择在寝室学习，21.7% 的学生选择在图书馆进行学习，选择自习室学习的学生占 19%；在慕课学习过程中，88.1% 的学生能顺利完成《大学英语写作》慕课学习，35.2% 的学生由于未能跟上课程进度而辍学；43.8% 的学生认为慕课视频时长应在 10～20 分钟为好。

在《大学英语写作》慕课学习过程中，学生遇到的主要障碍是没有学习过必要的基础知识、缺乏学习动力、遇到的困难得不到及时的反馈、不能坚持学习；学生完成慕课学习后的主要收获是扩展了知识或提升了技能、增加了学习兴趣、增强了自主学习能力；慕课需要改进的方面主要有增加教师与学生的互动、应增加配套汉语字幕、利用慕课进行线上线下翻转课堂教学。

第三节　线上线下融合式的高校英语教学实践

一、研究背景

在移动互联和各种在线教育课堂深入日常生活的大背景下,随着国际工程教育认证的全面铺开,理工类高等学校的课堂教学也应顺应时代的发展,利用"互联网+"平台和线上资源,基于"产出导向法"理论,采取线上线下相结合的混合式教学方式,注重数据通信与网络课程的辅助,采取新的大学英语教学模式,有效地进行国际化沟通交流。

在中国工程教育专业认证背景下,《工程教育认证标准》中第一项通用标准的毕业要求:能够就复杂的工程问题与业界同行及社会公众进行有效沟通和交流,包括撰写报告和设计文稿、陈述发言、清晰表达或回应指令。并具备一定的国际视野,能够在跨文化背景下进行沟通和交流。线上线下相结合的混合式教学方式,有利于培养学生专业英文交流和沟通的能力。

线上线下相结合的混合式学习研究现已成为国内外关注的热点,从目前大学英语教学课堂内外所面临的问题出发,结合当前在线教育发展的新态势,开展基于"产出导向法"的大学英语教学本土化尝试,以探讨线上线下相结合的混合式教学模式的有效性与可行性,对于实现知识传递、知识建构和内化、知识巩固和拓展具有一定的现实意义。各高校完善的硬件配备情况也能很好地满足基于线上线下相结合的混合式教学模式的要求。因此,在我国高校大学英语教学中应用基于线上线下相结合的混合式教学模式具有可行性。

随着教育国际化、人才培养全球化的加速改革,线上线下相结合的混合式学习课程权重的加大是一种与时俱进的教学改革,信息化教学资源环境下开展混合式教学研究,对于大力推进优质的课程资源建设,揭示内在的教学规律,提高教与学效益,提升教师的信息化应用水平和技能,开发学生的创造性潜力,促进高校的教育教学改革均具有重要的意义。

目前,国内基于"产出导向法"利用线上线下相结合的混合式教学模式培养学生的跨文化沟通能力还处于探索期，关于该模式的各种研究有待更多学者的积极广泛参与。线上线下相结合的融合式教学模式符合中国的外语教育发展趋势。随着逐渐深入的理论研究和不断拓宽的实践探索，线上线下相融合的教学模式将由局部试点发展到整体推进。

二、融合式的教学实践

（一）教学内容及面向对象

本课程是面向非英语专业本科生开设的语言类基础必修课，目标是培养学生综合应用英语的能力，尤其是学生的语言输出能力，使学生在以后的工作、学习和社会交往中能够利用英语进行有效的交际；注重学习策略的训练，增强学生的自主学习能力和终身学习能力；提高人文素养和跨文化交际能力，为社会培养具有国际视野的高素质人才。

（二）课程特色

具备平面及立体教学资源，学习评价机制完善，方便在校学生和社会人员学习和测验。本在线课程建设，除了具备传统的课程标准、教案、教材等，还涉及重点知识点的微课视频及相关互动文化知识、游戏等，能够激发学习兴趣。该课程匹配的 APP 有利于学生在线互动，实时交流，保证教学效果。

（三）课程体系

以培养学生英语听、说、读、写、译等综合应用能力为主，重点提高口语和书面表达及翻译能力，并增加文化和专业知识拓展内容。

教学模式：3+1×3。第一个"3"是指综合学习，包括读写 2 节/周（语法、翻译等）、视听说 1 节/周（TED 演讲、文化知识等）。"1"是指实训课，即网络自主学习检查指导课 1 节/周。学生网络自主学习及课后测试，并进行口语活动。教师在网上检查学生学习的情况。第二个"3"是指 3 个学期。

（四）教学内容

第一个学期：注重纠正学生语音、完善语法体系，以及储备词汇。课程涉及的主要内容包括名词性从句、状语从句和定语从句等。在此基础上，侧重语言技能的培养，从听、说、读、写、译等语言能力入手，帮助学生过渡，实现从习得技能向产出技能的过渡①。

第二个学期：强调增强学生的写作和翻译能力，调动学生的积极性、主动性，促使学生熟练地掌握并运用词汇和句式；学会鉴赏经典英文文学作品；在视听说方面，除了强化训练语音的准确性，组织学生就指定的话题进行小组讨论，进行互评和教师点评相结合的方式；在阅读能力方面，侧重词汇的拓展和对篇章逻辑性的把握，注重讲解阅读技巧；在翻译方面，侧重学生的汉译英翻译实践，辅以适当的练习及测试。

第三个学期：侧重培养学生的口语、翻译和写作能力，增加跨文化交际知识和所学的本科专业相关的英语知识等。在熟练运用词汇、句法和语法的基础之上，讲解英美文化、鉴赏经典英美文学作品；在视听说方面，选取英语国家广播电视新闻节目内容；在阅读方面，选取学生所学专业英语基础知识等训练内容；在翻译和写作技能训练方面，在基础训练的同时，侧重所学专业的文献资料和英语国家报刊上有一定难度的文章的英汉互译和写作实践。

（五）教学方法

在"以学习为中心、学和用一体、注重培养学生文化交流和关键能力"教学理念指导下，采用泛在的、多元化教学模式。将理论与实践相结合；独立学习与小组协作相结合；主题讨论与技能培养相结合；主题、案例、情景教学与任务型教学相结合；课堂讲授与反馈互动相结合，建立多样化的教学模式。

1. 考核办法

教师以周为单位跟踪、检查学生线上学习情况，记录学生的学习进度，管教并管学，线上监控学生学习时间和学时；定期组织在线互动答疑和讨论，检查线上学习内容并答疑，布置网上学习内容及进度，学生做学习交流；每学期第2周至第12周，每周安排教师在固定的时间上网答疑、记录和汇总学生所提出的问题，并于下一次课考核学生掌握情况。

2. 考试方法

综合课程包括听力考试。听力和综合课程按3：7的比例，记载综合总成绩。听力

---

① 夏俊萍.浅析大学英语教学中学生修辞鉴赏能力的培养[J].吉林工程技术师范学院学报，2014(10)：68-70.

实训课程每学期末统一考试，不及格者需重修、补考，直至及格。

3. 成绩评定

综合课程：平时成绩40%、考试成绩60%。过程性考核成绩由学生网上自主学习自测成绩、单元测验的成绩和课程视频、访问次数、随堂测试和平时作业综合记载而成。

听力实训课程：平时成绩40%、考试成绩60%（试题难度相当于大学英语四六级考试水平）。

4. 构建基于O2O模式的大学英语翻译、写作教学模式

线上内容包括资源交流、网上实训和作业三部分。线下内容包括行为干预、人工干预和指导答疑。

资源交流：教师上传可供学生线上学习的优秀的翻译、写作范文资料，学生可以在任何时间、任何地点获取学习资料。平台同时为学生提供同步（虚拟教室）以及异步（讨论板）交流工具，增强学习效果，通过讨论板、实时的虚拟教室互动和小组交流实现协作学习。

网上实训：有规律地进行网上练习，根据A、B、C不同级别学生的情况，选取有针对性的练习内容，范围涉及语法现象、词汇搭配。可重复范文中的精彩部分及重要环节。

作业布置：在资源交流及网上实训的基础上，按教学进度定期发布作业，难度相当于四、六级水平，限定作业完成时间，鼓励学生按线上提示多次修改以完善翻译及写作篇章。

行为分析：观察网上记录的学生学习行为，分析线上数据，制定、调整教学内容。

人工干预：线上批改在词汇方面给予学生的反馈信息较多，但是语法、逻辑性、篇章结构以及思想内容方面需要教师进行人工干预。

指导答疑：做好教学辅导工作，进行词汇、语法、句法及结构的分析展示及拓展练习，并根据学生完成情况，有针对性地进行课堂点评。

5. 构建基于O2O模式的大学英语翻译、写作测试模式

测试类型：该项目包括全校规模的入学分级测试；期中、期末进行标准化在线测试；基于计算机和网络的大学英语四、六级模考；以检测学生的学习效果为目的的阶段性测试；自主模考训练；各类教学评估类测试。该项目还可以拓展至研究生入学考试、雅思考试、BEC商务英语考试等其他测试。

试题结构：在语料的选择标准及试题设计上，可根据实际教学安排和学生学习

情况，选取相应难易级别的试题模块相组合，也可与大学英语四、六级等考试高度一致。

题库建立：试题库的建设基于项目反应理论（Item ResponseTheory，IRT），可以根据不同教学对象定做个性化测试方案。IRT是用于分析考试成绩和问卷调查数据的数学模型，模型的目标一般被用来确定潜在的心理特征（latent trait）是否可以通过测试题被反映出来，以及测试题与被测试者之间的互动关系。IRT最大的优点是题目参数的不变性，被试在某一试题上的成绩不受他在测验中其他试题上的成绩影响；同时，在试题上各个被试的作答也是彼此独立的，仅由各被试的潜在特质水平所决定，一个被试的成绩不影响另一被试的成绩。在实际使用前，试题经过项目分析（ItemAnalysis），通过大规模样本试测与校正，可以保证科学的难易度与区分度。

数据统计：对成绩进行记录、分析，提供清晰易读的成绩报告。能显示总体分数分布状况，具体分析某一题，从而更好地帮助师生对测试进行反馈，并可实现从组卷、审卷、监考到阅卷及成绩归档的一整套考试流程的信息化管理，教师利用在线考试、成绩统计与分析、自动组卷等教学管理功能，有效提高工作效率与教学质量，迅速全面准确地了解和评估学生的英语能力和教学总体效果。

三、教学理念

（一）强调以人为本的教学理念

现代教育重视强调以人为本，把重视人，理解人，尊重人，爱护人，提升和发展人的精神贯彻于教育和教学的全方位、全过程。

（二）增强素质教育的教学理念

传授知识、培养能力与素质在人才培养过程中是辩证统一，协调发展的。以帮助学生学会学习、强化终身习生意识和素质养成为根本的教育目标，旨在全面开发学生的潜能。

（三）提倡创造性思维的教学理念

加强创新与创业教育，并促进二者的有机融合，培养创新、创业型复合型人才成为现代教育的基本目标。

（四）强化学生主体性的教学理念

从传统教育强调的以教师为中心、转变为以教师为主导，以学生为中心、以活动为手段、以实践为保障，倡导自主教育和快乐教育、培养学生的学习兴趣和良好的学习习惯，使学生能够积极主动地学习。

（五）支持个性化发展的教学理念

现代教育强调尊重个体的个性，鼓励学生个性发展，主张针对不同的个性特点采用不同的教育方法和评估标准，为所有学生个性化发展创造条件。

（六）倡导生态和谐的教学理念

现代教育大力倡导"和谐教育"，注重有机整体的"生态性"教育环境的建构。

四、教学设计的特点

（一）教学设计的教育性

在我国以应用型为主的高校课堂教学中，都不同程度地存在重传授知识和技术、轻教育的现象。为了增强教学的教育性，形成全方位育人的格局，教学设计必须遵循教学的规律，而且考虑到高素质应用型人才必须适应社会需求、为社会服务，除了掌握岗位所必需的相关知识和技术外，要先学会如何做一个合格的社会人。要做合格的社会人，就要强化教学的教育性。因此，培养学生养成终身学习的良好习惯，是高等院校教学教育性的重要体现。可以借鉴材料中提供的案例，对个人发展进行统筹规划；也可以根据理工类院校教育性的标准，深入剖析个人的优缺点；还可以通过与其他公共课和专业课课程内容的结合，提升学生批判式思维的意识与能力。

（二）教学设计的实用性

服务社会必然要培养应用型人才，因此，在课堂教学中体现实用性，是教学设计的基本要求。教学实践补充了语言学习特点和技巧，并启发学生结合自身理工科专业进行相关领域的语言学习，把英语学习和专业学习有机结合起来，实际应用价值较强。

五、教学反思

（一）根据需求充实课程

调研企事业单位对外语人才技能要求进行有的放矢的教学任务设计，实时更新教学内容。

（二）更新完善现有课程

更新和完善原有基础上的微课、flash 交互动画等系列内容。精选学生自编自导的情景剧，增强课程生动性。

（三）细化实训互动环节

根据真实的交际情境，更新实训任务，每个任务都明确分工，客观评价参与的负责人、成员的表现，列出反馈评价的系列表格。

（四）落实课程考核评价

改革课程评价，将形成性评价与终结性评价结合起来，全面跟踪评价学生完成任务的情况。让学生完成个人和小组任务的同时，取长补短，更好地应对期末考评。

（五）开展趣味性知识拓展

建立任务或项目总结模块，由学生搜集或录制相关视频，进行情境展示，进行分享并实时更新。

第四节　构建线上线下高校英语写作教学

在"互联网+"时代,大学英语写作的传统教学模式已经不能满足培养学生的需求了。针对此现状,本节将线上线下教学模式应用于大学英语写作教学中,探索在该教学模式下的大学英语写作教学的具体运用,旨在激发学生的写作兴趣,提升学生写作主动性,提高学生英语写作自适应学习能力及英语写作成绩,尝试为大学英语写作教学提供一种更为有效的教学模式。

随着"互联网+"时代的到来,计算机网络技术对课堂教与学都产生了巨大影响。各种网络学习平台资源层出不穷,教师与学生对互联网和数字技术的应用,使教与学的过程发生很大的变化,网络信息技术的发展为开展信息化教学提供了良好的大环境。翻转课堂、慕课、微课等一系列的新型教学模式已经被应用于教学中。在科技不断发展的今天,英语教师应该对大学英语写作教学模式进行调整,充分利用便利的网络资源开展线上教学、课堂深度教学及培养学生的线下自适用能力。本节对线上线下大学英语写作教学模式进行研究,具有重要的意义。

一、英语写作课堂文化概念

英国马凌诺斯基指出:"课堂文化是在教学过程中,教师和学生自觉遵循和奉行的课堂精神、教学理念和行为。"刘耀明指出:"课堂文化是发生在教学过程中的规范、价值观和行为方式的整合体。"由此,按照这个思路笔者把英语写作课堂文化,定义为在长期的教学过程中形成的教学行为和教学理念,即也可以理解为英语写作教学模式。

二、大学英语写作教学现状

英语写作是大学生英语学习综合语言运用能力的重要体现,在英语学习和教学中占据着重要地位。然而,写作是大学英语教学中的薄弱环节,存在着许多问题。

第一,学生课堂上得到的信息量极其有限。受限于课堂时间,教师只能把教学精力更多地放到学生们关注的、与考试相关的内容，例如多数教师是有针对性地进行大学英语四级写作考试写作训练，给出写作应试模板，缺乏针对学生真正写作能力的培养。

第二，以教师为中心，忽视学生的主观能动性。在英语写作教学中，教师忽视写作的教学过程，只是行云流水地对写作方法进行讲解，缺乏对学生写作过程的培养和训练等。

第三，受限于时间和空间，学生写作不能及时得到反馈。课后学生的写作练习通常无法获得修改意见，无法发现写作中存在的语法、拼写、词汇搭配等各种问题，严重影响了练习质量。

三、大学英语线上线下写作教学模式的优势

线上线下学习丰富了学习资源。线上线下相结合的大学英语写作教学模式，为教师提供了更多为学生传授知识的平台，也为学生提供了丰富的学习资源。

线上教学不再局限于课堂教学90分钟这个固定的时间，教师可以结合学生的具体情况，根据单元教学目标，将所要讲解的知识重难点浓缩为10分钟以内的微课，完成后采用在线发布微课、文字辅助材料等方式，也可以直接把线上丰富的教学资源分享给学生，使学生更加方便快捷地接触英语写作知识；学生还可根据自身的具体情况，利用丰富的网络资源库进行自主学习，查漏补缺，查找自己需要的一些写作素材，例如英语词汇、短语、表达方式或实例范文。

体现教师为主导、学生为主体的教学原则。线上线下相结合的大学英语写作教学模式，充分体现教师在英语写作学习中的主导作用与学生的主体地位。

教师线上的微课、辅助文字和在线答疑等其他一系列的辅助信息教学，对学生都是指导性的教学。而学生才是真正学习的主体，学生可以根据自己的具体情况，自主选择学习时间、学习地点学习相关的线上教学内容，并且还根据自己的学习要求，进一步搜索更高级别、其他相关的学习内容，真正意义地培养了学生学习的主观能动性，即学生的自适应能力。

即时得到反馈。"互联网+"时代，出现了众多的英语写作及即时评价平台，例如iwrite英语写作系统、批改网、句酷批改网、作业在线等。学生在学习线上自主学习教学资源后，可以利用这些在线学习平台随时进行写作训练，提交作文后便能得到即时反

馈。这些批改网能够指出拼写、语法、搭配，文章结构等方面的错误。学生根据系统反馈，就可以直观、即时认识到自己英语写作的缺点及不足，进一步有针对性地进行学习及强化训练。

学习及训练的反复性。线上学习具备传统课堂所不具备的优势，即学习的反复性。针对单个学生某一个没有掌握的知识点，学生可以随时随地反复地观看教师发布的线上课程讲解视频，并且可以利用线上教学平台反复修改完善作文，进行反复训练，这就充分发挥了线上线下英语教学模式个性化、立体化的优势。

四、构建线上线下大学英语写作教学模式

笔者通过自身实践教学，构建了线上线下大学英语写作教学模式，通过该模式，学生们对英语写作充满兴趣和希望，提高了英语写作的积极性。该线上线下大学英语写作教学模式分为线上教学、学生提交初稿、线上自主修改、课堂讨论及互评以及重写定稿这五个步骤，具体如下：

线上教学。线上教学环节主要是教师根据教学目标及教学内容，录制微课、上传文字资料或者网上相关资源，通过线上分享，学生在相关资源的引导下，掌握相关语言知识和写作技能技巧等进行自主学习[①]。

提交初稿。学生根据知识掌握情况，要在规定时间内完成布置的写作任务，在规定的时间截止前在英语写作平台提交自己的初稿。

线上自主修改。待初稿提交后，学生利用英语写作平台提出修改意见，进行自我评价并进行反复修改，形成初步定稿，供课堂教学时展示交流。

课堂讨论及互评。在课前学生线上自主学习任务及完成初稿的基础上，课堂上，教师主要是对学生课前作文完成任务情况进行公布，组织讨论及答疑。教师在上课前汇总并且选取有代表性的两三篇作文进行点评，指出写作过程中作文普遍存在的问题。针对这些问题组织学生进行组内讨论，让学生自己提出解决问题的方法。学生在组内分享自己的作文，让组内同学互相评价、修改完善，然后每小组选出最佳作品，并且在课堂内展示这些作品。最后教师解答学生们无法解答的问题，并且对每组代表作品给出评价，提出进一步修改意见。

重写定稿。课后学生根据课堂上的讨论及互评情况，巩固老师上传的线上学习材料以及进一步地自我拓展学习，再次修改作文，完成最后重写及定稿。

---

① 张红.浅谈英语教学中常见的修辞[J].教师，2015(11)：47-48.

五、线上线下大学英语写作教学模式的困难

更加完善英语写作教学平台。在"互联网+"时代，应该加强网络资源的整合管理，建立功能完善的"一站式"学习教学平台。笔者通过上课，发现很难把上课所需要的资源整合到一个学习平台上，教师和学生都要注册若干个账号，才可以满足上课和学习的需要。例如发布微课或者相关学习资料，通常会使用微信群和微助教。但是都有自己的弊端，微信群即时，但是不具备储存资料的功能；微助教虽然能够储存所有资料供学生反复查阅，但是对于最新发布的信息，教师还是要通过微信群进行通知。学生在进行写作练习和提交时用的是 iwrite 写作系统，这个系统具有作文评价、纠错等一系列功能，但是却不具备上传资源的功能。

在大学英语写作教学时，教师上课要同时登录好几个教学平台才能达到一个理想的上课状态，身为教师迫切需要互联网尽可能地将资源归类整合，将英语写作资源整合到某一个教学平台，建立"一站式"教学及学习平台，优化上课及学习环境。

加强线上线下大学英语教学模式中师生能力的提高。线上线下大学英语写作教学模式，不论是对大学英语教师的教学能力，还是对学生的学习能力，都提出了更高的要求。

作为大学英语教师，要做到与时俱进，不断提高自身教学水平。要不断学习新的教学理念和教学方法，了解计算机及网络发展动态，学习掌握微课制作能力，了解各种网络教学平台和网络资源，等等。

作为学生，面对全新的无线学习时代，要熟练掌握网络教学平台以及在线写作学习系统，适应这种新型学习模式，科学合理地利用网络资源。除此以外，学生还要学会自我控制，避免借助网络资源的便利，大肆抄袭作文、应付完成作业这一现象。学生要提高自主学习能力，养成良好的学习习惯，更好地提高自身的英语写作能力和语言应用水平。

总而言之，在"互联网+"时代，网络的发展为英语写作教学提供了大量的学习资源和网络平台，线上线下大学英语写作教学模式消除了传统大学英语写作教学的弊端，提供了新的教学方法，开创了新的教学模式，并且实现了以学生为中心、教师为主导的教学原则，提高学生的自主学习能力。该模式为构建其他大学英语教学模式提供了参考，并且也为大学英语教师提出了建议。这就要求教师加强自身教学能力的培养，不断提高利用网络资源的能力。

参考文献

[1] 蔡宝来，张诗雅，杨伊.MOOC与翻转课堂：概念、基本特征及设计策略[J].教育研究，2015，36(11)：82-90.

[2] 哈格德.MOOC正在成熟[J].王保华，何欣蕾，译.教育研究，2014，35(5)：92-99，112.

[3] 吴春梅.试析互动模式在高中英语教学中的应用[J].中学课程辅导（教学研究），2013，7(26)：97.

[4] 左滢.ACTIVE教学模式在高中英语读写结合课中的实践研究——以Schoollife教学为例[J].英语教师，2017，17(04)：141-143+154.

[5] 刘小琴.应用型本科大学"英语语言学"教学存在的问题与对策[J].英语教师，2018，18(07)：56-58.

[6] 杜开群.关于大学英语语言学教学问题及对策分析[J].山东农业工程学院学报，2017，34(02)：5-6.

[7] 郑雨.大学英语教学中模糊语言学的语用意义分析[J].西部素质教育，2015，1(06)：46.

[8] 黄琼慧.商务英语语言学的理论体系研究[J].开封教育学院学报，2016，36(02)：68-69.

[9] 翁凤翔.商务英语学科理论体系架构思考[J].中国外语，2009，6(04)：12-17+30.

[10] 杨雪.浅谈英语教学中应用语言学的有效应用[J].教育现代化，2018，5(11)：185-186.

[11] 张丽莹，于江.论《他们眼望上苍》中赫斯顿的"协合"[J].湖南医科大学学报（社会科学版），2008，10(6)：141-144.

[12] 任丽霞，吕桂凤.翻转课堂在大学英语教学中的应用[J].吉林医药学院学报，2020，41(01)：75-76.

[13] 郭巧棉.浅析皮革商贸英语翻译问题及翻译策略——评《国际商务合同的文体与翻译》[J].皮革科学与工程,2020,30(01):51.

[14] 王慧.基于职业岗位导向的高职英语教学改革研究[J].轻纺工业与技术,2020,49(01):183-184.

[15] 李筱洁.基于SPOC与翻转课堂的大学英语教学实践问题与对策分析[J].内江师范学院学报,2020,35(01):84-88.

[16] 曲通馥."雨课堂+对分课堂"教学模式在大学英语写作教学中的实证研究[J].内江师范学院学报,2020,35(01):89-94.

[17] 张红玲.跨文化外语教学[M].上海:上海外语教育出版社,2007.

[18] 吴为善,严慧仙.跨文化交际概论[M].北京:商务印书馆,2008.

[19] 姚丽,姚烨.英汉文化差异下的英语教学探究[M].北京:中国书籍出版社,2014.

[20] 王佐良.翻译:思考与试笔[M].北京:外语教学与研究出版社,1989.

[21] 高等学校外语专业教学指导委员会英语组.高等学校英语专业英语教学大纲[M].上海:上海外语教育出版社,2000.

[22] 徐国庆.职业教育项目课程设计指南[M].上海:华东师范大学出版社,2013:19-28.

[23] Cetra Fernando.习语与习语特征[M].上海:上海外语教育出版社,2000.

[24] 邓炎昌,刘润清.语言与文化[M].北京:外语教学与研究出版社,1999.

[25] 杜学增.中英文化习俗比较[M].北京:外语教学与研究出版社,1999.

[26] 骆世平.英语习语研究[M].上海:上海外语教育出版社,2007.

[27] 平洪,张国扬.英语习语与英美文化[M].北京:外语教学与研究出版社,2000.

[28] 戴炜栋,何兆熊.新编简明英语语言学教程[M].上海:上海外语教育出版社,2010.

[29] 王坦.合作学习的理论与实施[M].北京:中国人事出版社,2002.

[30] 中国海事服务中心.航海英语[M].北京:人民交通出版社,2011.

[31] 胡壮麟.语言学教程[M].北京:北京大学出版社、2002.

[32] 邓炎昌,刘润清.语言与文化[M].北京:外语教学与研究出版社,2010.

[33] 桂诗春.应用语言学[M].长沙:湖南教育出版社,1988.

[34] 陈俊森,樊葳葳,钟华.跨文化交际语外语教育[M].武汉:华中科技大学出版社,

2006.

[35] 沈江，丁自华，姜朝妍．航海英语 [M]．大连：大连海事大学出版社，2012．

[36] 沈江．航海英语 [M]．大连：大连海事大学出版社，2013．

[37] 姜朝妍，沈江．航海英语听力与会话 [M]．大连：大连海事大学出版社，2016．

[38] 王守仁，何锋．牛津高中英语（模块六）[M]．南京：译林出版社，2010．

[39]Larry A.Samovar，Richard E.Porter，Lisa A.Stefani.Communication Between Cultures[M]．北京：外语教学与研究出版社，2000．

[40] 冯艳妮．职业教育项目课程中项目活动设计研究 [D]．上海：华东师范大学，2010：6-8．

[41] 周风燕．英语学习策略 [M]．北京：知识产权出版社，2009．

[42] 左焕琪．外语教育展望 [M]．上海：华东师范大学出版社，2002．

[43] 王笃勤．真实性评价——从理论到实践 [M]．北京：外语教学与研究出版社，2007．

[44] 盛群力．21 世纪教育目标新分类 [M]．杭州：浙江教育出版社，2008．

[45] 孟玉芳．任务型教学在高职航海英语阅读中的应用 [D]．大连：大连海事大学，2009．